新编会计模拟实习——工业企业分册

实习专用账簿

（第三版）

立信人 编

U0753929

学　院：________________________________

专　业：________________________________

学　号：________________________________

姓　名：________________________________

启用日期：________________________________

立信会计出版社
LIXIN ACCOUNTING PUBLISHING HOUSE

图书在版编目(CIP)数据

新编会计模拟实习. 工业企业分册实习专用账簿 / 立信人编. —3 版. —上海：立信会计出版社，2018. 4（2022. 3 重印）

ISBN 978 - 7 - 5429 - 5441 - 1

Ⅰ. ①新… Ⅱ. ①立… Ⅲ. ①会计—实习—教材 ②工业会计—实习—教材 Ⅳ. ①F23 - 45

中国版本图书馆 CIP 数据核字(2018)第 063486 号

策划编辑　郭　光

责任编辑　郭　光

新编会计模拟实习——工业企业分册实习专用账簿(第三版)

出版发行　立信会计出版社

地　　址　上海市中山西路 2230 号　邮政编码　200235

电　　话　(021)64411389　传　　真　(021)64411325

网　　址　www. lixinaph. com　电子邮箱　lixinaph2019@126. com

网上书店　http://lixin. jd. com　http://lxkjcbs. tmall. com

经　　销　各地新华书店

印　　刷　上海天地海设计印刷有限公司

开　　本　787 毫米×1 092 毫米　1/16

印　　张　15. 75

字　　数　368 千字

版　　次　2018 年 4 月第 3 版

印　　次　2022 年 3 月第 4 次

书　　号　ISBN 978 - 7 - 5429 - 5441 - 1/F

定　　价　38. 00 元

前　言

会计综合模拟实习（训）是学生学完所有会计职业专项技能训练课程之后开设的综合性实践课程，为进一步提高学生综合职业能力和品德素养，同时为学生顶岗实习和从事实际会计工作奠定基础。但在实际教学中，该课程教学相对于理论课程难度更高，不仅仅要求学生掌握编制记账凭证、登记账簿、成本计算、编制财务报告等方法，还体现在培养学生将会计理论与实际账务处理相结合的能力，要求做到学以致用。在此环节中，如何正确组织记账凭证和各类账簿，对于学生来说是一门全新的技能。为方便该课程的教学，立信会计出版社根据企业中会计工作的实际情况，组织高等院校和企业相关专家编写了本实习专用账簿。考虑到进一步适应广大院校师生使用，我们于2018年对本书进行了改版，使账簿分类更为清晰，内容符合我国新企业会计准则，以更好地满足全国各地相关院校会计专业实践课程的教学需要。

本账簿可同上海立信会计学院会计实验系列教材之《新编会计模拟实习——工业企业分册》一书配套使用，可以作为实训教材，也可以作为会计技能大赛的辅助用书。本账簿有以下特点：

一、权威性

自1941年中国现代会计之父潘序伦先生创办立信会计图书用品社以来，立信出版的账册广为流传，享有盛誉，为全国会计工作者所喜爱，成为企业首选账簿。本实习专用账簿，就是以立信账册为基础编写而成。

二、创新性

本账簿采用集成的方式将各类账页合理地编排，创新地整合，适用于会计模拟做账，并根据课程特点，对各项目进行了优化，方便实训课程使用。一册在手，无需再求。

三、减轻教师负担

本账簿整合了以往教学中需要零星采购的繁琐工作，将采购工作简化，减轻了教务部门和任课教师的工作量。

四、环保节约

本账簿采用合订方式以及对总分类和三栏式明细账进行了调整，不仅节省了纸张、利于环保，也降低了学生的经济负担。

五、便于档案保管

一般来说，实训课程结束以后，大量的账页给档案保管带来较大困难，采用本账簿加上几本凭证就可以构成实训的成果，使档案保管工作更加简便。

由于本账簿采用订本式的装订方法，改变了活页账的装订形态，可能会给学生造成认知上的误解，需要教师在授课前予以说明。

由于作者水平有限，书中难免存在疏漏和不足之处，欢迎通过作者邮箱（360090452@qq.com）批评指正。

郭光
2018年3月

目 录

总分类账账簿启用及交接表

单位名称		印　鉴
账簿名称	（第　册）	
账簿编号		
账簿页数	本账簿共计　页（本账簿页数 检点人盖章　）	
启用日期	公元　年　月　日	

经管人员	负责人		主办会计		复核		记账	
	姓名	盖章	姓名	盖章	姓名	盖章	姓名	盖章

接交记录	经管人员		接管				交出			
	职别	姓名	年	月	日	盖章	年	月	日	盖章

备注	

总分类账目录

编号	科　　目	起讫页码	编号	科　　目	起讫页码

总分类账目录

编号	科　　目	起讫页码	编号	科　　目	起讫页码

总分类账

会计科目……………………

年		凭证号数	摘要	对账√	借方											贷方											借或贷	余额										
月	日				亿	千	百	十	万	千	百	十	元	角	分	亿	千	百	十	万	千	百	十	元	角	分		亿	千	百	十	万	千	百	十	元	角	分

总分类账

会计科目……………………

年		凭证号数	摘要	对账√	借方											贷方											借或贷	余额										
月	日				亿	千	百	十	万	千	百	十	元	角	分	亿	千	百	十	万	千	百	十	元	角	分		亿	千	百	十	万	千	百	十	元	角	分

总 分 类 账

会计科目 ....

年		凭证	摘要	对账	借方	贷方	借或贷	余额
月	日	号数		√	亿千百十万千百十元角分	亿千百十万千百十元角分		亿千百十万千百十元角分

总 分 类 账

会计科目 ....

年		凭证	摘要	对账	借方	贷方	借或贷	余额
月	日	号数		√	亿千百十万千百十元角分	亿千百十万千百十元角分		亿千百十万千百十元角分

总分类账

会计科目 ……………………

年		凭证号数	摘要	对账√	借方											贷方											借或贷	余额										
月	日				亿	千	百	十	万	千	百	十	元	角	分	亿	千	百	十	万	千	百	十	元	角	分		亿	千	百	十	万	千	百	十	元	角	分

总分类账

会计科目 ……………………

年		凭证号数	摘要	对账√	借方											贷方											借或贷	余额										
月	日				亿	千	百	十	万	千	百	十	元	角	分	亿	千	百	十	万	千	百	十	元	角	分		亿	千	百	十	万	千	百	十	元	角	分

总分类账

会计科目 ....

年		凭证号数	摘要	对账√	借方											贷方											借或贷	余额										
月	日				亿	千	百	十	万	千	百	十	元	角	分	亿	千	百	十	万	千	百	十	元	角	分		亿	千	百	十	万	千	百	十	元	角	分

总分类账

会计科目 ....

年		凭证号数	摘要	对账√	借方											贷方											借或贷	余额										
月	日				亿	千	百	十	万	千	百	十	元	角	分	亿	千	百	十	万	千	百	十	元	角	分		亿	千	百	十	万	千	百	十	元	角	分

总分类账

会计科目 ……………………

年		凭证号数	摘要	对账√	借方											贷方											借或贷	余额										
月	日				亿	千	百	十	万	千	百	十	元	角	分	亿	千	百	十	万	千	百	十	元	角	分		亿	千	百	十	万	千	百	十	元	角	分

总分类账

会计科目 ……………………

年		凭证号数	摘要	对账√	借方											贷方											借或贷	余额										
月	日				亿	千	百	十	万	千	百	十	元	角	分	亿	千	百	十	万	千	百	十	元	角	分		亿	千	百	十	万	千	百	十	元	角	分

总分类账

会计科目 ....

年		凭证号数	摘要	对账√	借方											贷方											借或贷	余额										
月	日				亿	千	百	十	万	千	百	十	元	角	分	亿	千	百	十	万	千	百	十	元	角	分		亿	千	百	十	万	千	百	十	元	角	分

总分类账

会计科目 ....

年		凭证号数	摘要	对账√	借方											贷方											借或贷	余额										
月	日				亿	千	百	十	万	千	百	十	元	角	分	亿	千	百	十	万	千	百	十	元	角	分		亿	千	百	十	万	千	百	十	元	角	分

总分类账

会计科目 ....

年		凭证号数	摘要	对账√	借方											贷方											借或贷	余额										
月	日				亿	千	百	十	万	千	百	十	元	角	分	亿	千	百	十	万	千	百	十	元	角	分		亿	千	百	十	万	千	百	十	元	角	分

总分类账

会计科目 ....

年		凭证号数	摘要	对账√	借方											贷方											借或贷	余额										
月	日				亿	千	百	十	万	千	百	十	元	角	分	亿	千	百	十	万	千	百	十	元	角	分		亿	千	百	十	万	千	百	十	元	角	分

总分类账

会计科目 ....

年		凭证号数	摘要	对账√	借方	贷方	借或贷	余额
月	日				亿千百十万千百十元角分	亿千百十万千百十元角分		亿千百十万千百十元角分

总分类账

会计科目 ....

年		凭证号数	摘要	对账√	借方	贷方	借或贷	余额
月	日				亿千百十万千百十元角分	亿千百十万千百十元角分		亿千百十万千百十元角分

总分类账

会计科目 ....

年		凭证号数	摘要	对账√	借方	贷方	借或贷	余额
月	日				亿千百十万千百十元角分	亿千百十万千百十元角分		亿千百十万千百十元角分

总分类账

会计科目 ....

年		凭证号数	摘要	对账√	借方	贷方	借或贷	余额
月	日				亿千百十万千百十元角分	亿千百十万千百十元角分		亿千百十万千百十元角分

总分类账

会计科目 ....

年		凭证号数	摘要	对账√	借方											贷方											借或贷	余额										
月	日				亿	千	百	十	万	千	百	十	元	角	分	亿	千	百	十	万	千	百	十	元	角	分		亿	千	百	十	万	千	百	十	元	角	分

总分类账

会计科目 ....

年		凭证号数	摘要	对账√	借方											贷方											借或贷	余额										
月	日				亿	千	百	十	万	千	百	十	元	角	分	亿	千	百	十	万	千	百	十	元	角	分		亿	千	百	十	万	千	百	十	元	角	分

总分类账

会计科目 ……………………

年		凭证号数	摘要	对账√	借方											贷方											借或贷	余额										
月	日				亿	千	百	十	万	千	百	十	元	角	分	亿	千	百	十	万	千	百	十	元	角	分		亿	千	百	十	万	千	百	十	元	角	分

总分类账

会计科目 ……………………

年		凭证号数	摘要	对账√	借方											贷方											借或贷	余额										
月	日				亿	千	百	十	万	千	百	十	元	角	分	亿	千	百	十	万	千	百	十	元	角	分		亿	千	百	十	万	千	百	十	元	角	分

总分类账

会计科目 ……………………………………

年		凭证号数	摘要	对账√	借方											贷方											借或贷	余额										
月	日				亿	千	百	十	万	千	百	十	元	角	分	亿	千	百	十	万	千	百	十	元	角	分		亿	千	百	十	万	千	百	十	元	角	分

总分类账

会计科目 ……………………………………

年		凭证号数	摘要	对账√	借方											贷方											借或贷	余额										
月	日				亿	千	百	十	万	千	百	十	元	角	分	亿	千	百	十	万	千	百	十	元	角	分		亿	千	百	十	万	千	百	十	元	角	分

总分类账

会计科目……………………

年		凭证号数	摘要	对账√	借方											贷方											借或贷	余额										
月	日				亿	千	百	十	万	千	百	十	元	角	分	亿	千	百	十	万	千	百	十	元	角	分		亿	千	百	十	万	千	百	十	元	角	分

总分类账

会计科目……………………

年		凭证号数	摘要	对账√	借方											贷方											借或贷	余额										
月	日				亿	千	百	十	万	千	百	十	元	角	分	亿	千	百	十	万	千	百	十	元	角	分		亿	千	百	十	万	千	百	十	元	角	分

总分类账

会计科目 ....

年		凭证号数	摘要	对账√	借方											贷方											借或贷	余额										
月	日				亿	千	百	十	万	千	百	十	元	角	分	亿	千	百	十	万	千	百	十	元	角	分		亿	千	百	十	万	千	百	十	元	角	分

总分类账

会计科目 ....

年		凭证号数	摘要	对账√	借方											贷方											借或贷	余额										
月	日				亿	千	百	十	万	千	百	十	元	角	分	亿	千	百	十	万	千	百	十	元	角	分		亿	千	百	十	万	千	百	十	元	角	分

总分类账

会计科目 ……………………

年		凭证号数	摘要	对账√	借方	贷方	借或贷	余额
月	日				亿千百十万千百十元角分	亿千百十万千百十元角分		亿千百十万千百十元角分

总分类账

会计科目 ……………………

年		凭证号数	摘要	对账√	借方	贷方	借或贷	余额
月	日				亿千百十万千百十元角分	亿千百十万千百十元角分		亿千百十万千百十元角分

总分类账

会计科目 ....

年		凭证	摘要	对账	借方	贷方	借或贷	余额
月	日	号数		√	亿千百十万千百十元角分	亿千百十万千百十元角分		亿千百十万千百十元角分

总分类账

会计科目 ....

年		凭证	摘要	对账	借方	贷方	借或贷	余额
月	日	号数		√	亿千百十万千百十元角分	亿千百十万千百十元角分		亿千百十万千百十元角分

总分类账

会计科目 ....

年		凭证号数	摘要	对账√	借方											贷方											借或贷	余额										
月	日				亿	千	百	十	万	千	百	十	元	角	分	亿	千	百	十	万	千	百	十	元	角	分		亿	千	百	十	万	千	百	十	元	角	分

总分类账

会计科目 ....

年		凭证号数	摘要	对账√	借方											贷方											借或贷	余额										
月	日				亿	千	百	十	万	千	百	十	元	角	分	亿	千	百	十	万	千	百	十	元	角	分		亿	千	百	十	万	千	百	十	元	角	分

总分类账

会计科目 ……………………………

年		凭证号数	摘要	对账√	借方											贷方											借或贷	余额										
月	日				亿	千	百	十	万	千	百	十	元	角	分	亿	千	百	十	万	千	百	十	元	角	分		亿	千	百	十	万	千	百	十	元	角	分

总分类账

会计科目 ……………………………

年		凭证号数	摘要	对账√	借方											贷方											借或贷	余额										
月	日				亿	千	百	十	万	千	百	十	元	角	分	亿	千	百	十	万	千	百	十	元	角	分		亿	千	百	十	万	千	百	十	元	角	分

总分类账

会计科目 ……………………

年		凭证号数	摘要	对账√	借方											贷方											借或贷	余额										
月	日				亿	千	百	十	万	千	百	十	元	角	分	亿	千	百	十	万	千	百	十	元	角	分		亿	千	百	十	万	千	百	十	元	角	分

总分类账

会计科目 ……………………

年		凭证号数	摘要	对账√	借方											贷方											借或贷	余额										
月	日				亿	千	百	十	万	千	百	十	元	角	分	亿	千	百	十	万	千	百	十	元	角	分		亿	千	百	十	万	千	百	十	元	角	分

总分类账

会计科目 ……………………

年		凭证号数	摘要	对账√	借方											贷方											借或贷	余额										
月	日				亿	千	百	十	万	千	百	十	元	角	分	亿	千	百	十	万	千	百	十	元	角	分		亿	千	百	十	万	千	百	十	元	角	分

总分类账

会计科目 ……………………

年		凭证号数	摘要	对账√	借方											贷方											借或贷	余额										
月	日				亿	千	百	十	万	千	百	十	元	角	分	亿	千	百	十	万	千	百	十	元	角	分		亿	千	百	十	万	千	百	十	元	角	分

总分类账

会计科目 ....

年		凭证号数	摘要	对账√	借方											贷方											借或贷	余额										
月	日				亿	千	百	十	万	千	百	十	元	角	分	亿	千	百	十	万	千	百	十	元	角	分		亿	千	百	十	万	千	百	十	元	角	分

总分类账

会计科目 ....

年		凭证号数	摘要	对账√	借方											贷方											借或贷	余额										
月	日				亿	千	百	十	万	千	百	十	元	角	分	亿	千	百	十	万	千	百	十	元	角	分		亿	千	百	十	万	千	百	十	元	角	分

总分类账

会计科目 ....

年		凭证号数	摘要	对账√	借方											贷方											借或贷	余额										
月	日				亿	千	百	十	万	千	百	十	元	角	分	亿	千	百	十	万	千	百	十	元	角	分		亿	千	百	十	万	千	百	十	元	角	分

总分类账

会计科目 ....

年		凭证号数	摘要	对账√	借方											贷方											借或贷	余额										
月	日				亿	千	百	十	万	千	百	十	元	角	分	亿	千	百	十	万	千	百	十	元	角	分		亿	千	百	十	万	千	百	十	元	角	分

总分类账

会计科目……………………

年		凭证号数	摘要	对账√	借方											贷方											借或贷	余额										
月	日				亿	千	百	十	万	千	百	十	元	角	分	亿	千	百	十	万	千	百	十	元	角	分		亿	千	百	十	万	千	百	十	元	角	分

总分类账

会计科目……………………

年		凭证号数	摘要	对账√	借方											贷方											借或贷	余额										
月	日				亿	千	百	十	万	千	百	十	元	角	分	亿	千	百	十	万	千	百	十	元	角	分		亿	千	百	十	万	千	百	十	元	角	分

总分类账

会计科目 ....

年		凭证号数	摘要	对账√	借方											贷方											借或贷	余额										
月	日				亿	千	百	十	万	千	百	十	元	角	分	亿	千	百	十	万	千	百	十	元	角	分		亿	千	百	十	万	千	百	十	元	角	分

总分类账

会计科目 ....

年		凭证号数	摘要	对账√	借方											贷方											借或贷	余额										
月	日				亿	千	百	十	万	千	百	十	元	角	分	亿	千	百	十	万	千	百	十	元	角	分		亿	千	百	十	万	千	百	十	元	角	分

总分类账

会计科目 ……………………………

年		凭证	摘要	对账	借方											贷方											借或贷	余额										
月	日	号数		√	亿	千	百	十	万	千	百	十	元	角	分	亿	千	百	十	万	千	百	十	元	角	分		亿	千	百	十	万	千	百	十	元	角	分

总分类账

会计科目 ……………………………

年		凭证	摘要	对账	借方											贷方											借或贷	余额										
月	日	号数		√	亿	千	百	十	万	千	百	十	元	角	分	亿	千	百	十	万	千	百	十	元	角	分		亿	千	百	十	万	千	百	十	元	角	分

总分类账

会计科目 ……………………………

年		凭证号数	摘要	对账√	借方											贷方											借或贷	余额										
月	日				亿	千	百	十	万	千	百	十	元	角	分	亿	千	百	十	万	千	百	十	元	角	分		亿	千	百	十	万	千	百	十	元	角	分

总分类账

会计科目 ……………………………

年		凭证号数	摘要	对账√	借方											贷方											借或贷	余额										
月	日				亿	千	百	十	万	千	百	十	元	角	分	亿	千	百	十	万	千	百	十	元	角	分		亿	千	百	十	万	千	百	十	元	角	分

总分类账

会计科目 ……………………………

年		凭证号数	摘要	对账√	借方											贷方											借或贷	余额										
月	日				亿	千	百	十	万	千	百	十	元	角	分	亿	千	百	十	万	千	百	十	元	角	分		亿	千	百	十	万	千	百	十	元	角	分

总分类账

会计科目 ……………………………

年		凭证号数	摘要	对账√	借方											贷方											借或贷	余额										
月	日				亿	千	百	十	万	千	百	十	元	角	分	亿	千	百	十	万	千	百	十	元	角	分		亿	千	百	十	万	千	百	十	元	角	分

总分类账

会计科目 ………………………………

年		凭证号数	摘要	对账√	借方	贷方	借或贷	余额
月	日				亿千百十万千百十元角分	亿千百十万千百十元角分		亿千百十万千百十元角分

总分类账

会计科目 ………………………………

年		凭证号数	摘要	对账√	借方	贷方	借或贷	余额
月	日				亿千百十万千百十元角分	亿千百十万千百十元角分		亿千百十万千百十元角分

总分类账

会计科目 ....

年		凭证号数	摘要	对账√	借方											贷方											借或贷	余额										
月	日				亿	千	百	十	万	千	百	十	元	角	分	亿	千	百	十	万	千	百	十	元	角	分		亿	千	百	十	万	千	百	十	元	角	分

总分类账

会计科目 ....

年		凭证号数	摘要	对账√	借方											贷方											借或贷	余额										
月	日				亿	千	百	十	万	千	百	十	元	角	分	亿	千	百	十	万	千	百	十	元	角	分		亿	千	百	十	万	千	百	十	元	角	分

总分类账

会计科目 ....

年		凭证号数	摘要	对账√	借方											贷方											借或贷	余额										
月	日				亿	千	百	十	万	千	百	十	元	角	分	亿	千	百	十	万	千	百	十	元	角	分		亿	千	百	十	万	千	百	十	元	角	分

总分类账

会计科目 ....

年		凭证号数	摘要	对账√	借方											贷方											借或贷	余额										
月	日				亿	千	百	十	万	千	百	十	元	角	分	亿	千	百	十	万	千	百	十	元	角	分		亿	千	百	十	万	千	百	十	元	角	分

总分类账

会计科目 ....

年 月	日	凭证号数	摘要	对账√	借方 亿千百十万千百十元角分	贷方 亿千百十万千百十元角分	借或贷	余额 亿千百十万千百十元角分

总分类账

会计科目 ....

年 月	日	凭证号数	摘要	对账√	借方 亿千百十万千百十元角分	贷方 亿千百十万千百十元角分	借或贷	余额 亿千百十万千百十元角分

总分类账

会计科目 ……………………………………

年		凭证号数	摘要	对账√	借方											贷方											借或贷	余额										
月	日				亿	千	百	十	万	千	百	十	元	角	分	亿	千	百	十	万	千	百	十	元	角	分		亿	千	百	十	万	千	百	十	元	角	分

总分类账

会计科目 ……………………………………

年		凭证号数	摘要	对账√	借方											贷方											借或贷	余额										
月	日				亿	千	百	十	万	千	百	十	元	角	分	亿	千	百	十	万	千	百	十	元	角	分		亿	千	百	十	万	千	百	十	元	角	分

总分类账

会计科目 ……………………

年		凭证号数	摘要	对账√	借方											贷方											借或贷	余额										
月	日				亿	千	百	十	万	千	百	十	元	角	分	亿	千	百	十	万	千	百	十	元	角	分		亿	千	百	十	万	千	百	十	元	角	分

总分类账

会计科目 ……………………

年		凭证号数	摘要	对账√	借方											贷方											借或贷	余额										
月	日				亿	千	百	十	万	千	百	十	元	角	分	亿	千	百	十	万	千	百	十	元	角	分		亿	千	百	十	万	千	百	十	元	角	分

总分类账

会计科目 ……………………………

年		凭证号数	摘要	对账√	借方											贷方											借或贷	余额										
月	日				亿	千	百	十	万	千	百	十	元	角	分	亿	千	百	十	万	千	百	十	元	角	分		亿	千	百	十	万	千	百	十	元	角	分

总分类账

会计科目 ……………………………

年		凭证号数	摘要	对账√	借方											贷方											借或贷	余额										
月	日				亿	千	百	十	万	千	百	十	元	角	分	亿	千	百	十	万	千	百	十	元	角	分		亿	千	百	十	万	千	百	十	元	角	分

总分类账

会计科目……………………

年		凭证号数	摘要	对账√	借方											贷方											借或贷	余额										
月	日				亿	千	百	十	万	千	百	十	元	角	分	亿	千	百	十	万	千	百	十	元	角	分		亿	千	百	十	万	千	百	十	元	角	分

总分类账

会计科目……………………

年		凭证号数	摘要	对账√	借方											贷方											借或贷	余额										
月	日				亿	千	百	十	万	千	百	十	元	角	分	亿	千	百	十	万	千	百	十	元	角	分		亿	千	百	十	万	千	百	十	元	角	分

总分类账

会计科目 ....

年		凭证号数	摘要	对账√	借方											贷方											借或贷	余额										
月	日				亿	千	百	十	万	千	百	十	元	角	分	亿	千	百	十	万	千	百	十	元	角	分		亿	千	百	十	万	千	百	十	元	角	分

总分类账

会计科目 ....

年		凭证号数	摘要	对账√	借方											贷方											借或贷	余额										
月	日				亿	千	百	十	万	千	百	十	元	角	分	亿	千	百	十	万	千	百	十	元	角	分		亿	千	百	十	万	千	百	十	元	角	分

总分类账

会计科目……………………………………

年		凭证号数	摘要	对账√	借方											贷方											借或贷	余额										
月	日				亿	千	百	十	万	千	百	十	元	角	分	亿	千	百	十	万	千	百	十	元	角	分		亿	千	百	十	万	千	百	十	元	角	分

总分类账

会计科目……………………………………

年		凭证号数	摘要	对账√	借方											贷方											借或贷	余额										
月	日				亿	千	百	十	万	千	百	十	元	角	分	亿	千	百	十	万	千	百	十	元	角	分		亿	千	百	十	万	千	百	十	元	角	分

总分类账

会计科目 ....

年		凭证号数	摘要	对账√	借方											贷方											借或贷	余额										
月	日				亿	千	百	十	万	千	百	十	元	角	分	亿	千	百	十	万	千	百	十	元	角	分		亿	千	百	十	万	千	百	十	元	角	分

总分类账

会计科目 ....

年		凭证号数	摘要	对账√	借方											贷方											借或贷	余额										
月	日				亿	千	百	十	万	千	百	十	元	角	分	亿	千	百	十	万	千	百	十	元	角	分		亿	千	百	十	万	千	百	十	元	角	分

总分类账

会计科目 ....

年		凭证号数	摘要	对账√	借方											贷方											借或贷	余额										
月	日				亿	千	百	十	万	千	百	十	元	角	分	亿	千	百	十	万	千	百	十	元	角	分		亿	千	百	十	万	千	百	十	元	角	分

总分类账

会计科目 ....

年		凭证号数	摘要	对账√	借方											贷方											借或贷	余额										
月	日				亿	千	百	十	万	千	百	十	元	角	分	亿	千	百	十	万	千	百	十	元	角	分		亿	千	百	十	万	千	百	十	元	角	分

总分类账

会计科目 ....

年		凭证号数	摘要	对账√	借方	贷方	借或贷	余额
月	日				亿千百十万千百十元角分	亿千百十万千百十元角分		亿千百十万千百十元角分

总分类账

会计科目 ....

年		凭证号数	摘要	对账√	借方	贷方	借或贷	余额
月	日				亿千百十万千百十元角分	亿千百十万千百十元角分		亿千百十万千百十元角分

总分类账

会计科目 ....

年		凭证号数	摘要	对账√	借方											贷方											借或贷	余额										
月	日				亿	千	百	十	万	千	百	十	元	角	分	亿	千	百	十	万	千	百	十	元	角	分		亿	千	百	十	万	千	百	十	元	角	分

总分类账

会计科目 ....

年		凭证号数	摘要	对账√	借方											贷方											借或贷	余额										
月	日				亿	千	百	十	万	千	百	十	元	角	分	亿	千	百	十	万	千	百	十	元	角	分		亿	千	百	十	万	千	百	十	元	角	分

总分类账

会计科目 ....

年		凭证号数	摘要	对账√	借方											贷方											借或贷	余额										
月	日				亿	千	百	十	万	千	百	十	元	角	分	亿	千	百	十	万	千	百	十	元	角	分		亿	千	百	十	万	千	百	十	元	角	分

总分类账

会计科目 ....

年		凭证号数	摘要	对账√	借方											贷方											借或贷	余额										
月	日				亿	千	百	十	万	千	百	十	元	角	分	亿	千	百	十	万	千	百	十	元	角	分		亿	千	百	十	万	千	百	十	元	角	分

总分类账

会计科目……………………

年		凭证号数	摘要	对账√	借方											贷方											借或贷	余额										
月	日				亿	千	百	十	万	千	百	十	元	角	分	亿	千	百	十	万	千	百	十	元	角	分		亿	千	百	十	万	千	百	十	元	角	分

总分类账

会计科目……………………

年		凭证号数	摘要	对账√	借方											贷方											借或贷	余额										
月	日				亿	千	百	十	万	千	百	十	元	角	分	亿	千	百	十	万	千	百	十	元	角	分		亿	千	百	十	万	千	百	十	元	角	分

总分类账

会计科目 ....

年		凭证号数	摘要	对账√	借方											贷方											借或贷	余额										
月	日				亿	千	百	十	万	千	百	十	元	角	分	亿	千	百	十	万	千	百	十	元	角	分		亿	千	百	十	万	千	百	十	元	角	分

总分类账

会计科目 ....

年		凭证号数	摘要	对账√	借方											贷方											借或贷	余额										
月	日				亿	千	百	十	万	千	百	十	元	角	分	亿	千	百	十	万	千	百	十	元	角	分		亿	千	百	十	万	千	百	十	元	角	分

总分类账

会计科目……………………

年		凭证号数	摘要	对账√	借方											贷方											借或贷	余额										
月	日				亿	千	百	十	万	千	百	十	元	角	分	亿	千	百	十	万	千	百	十	元	角	分		亿	千	百	十	万	千	百	十	元	角	分

总分类账

会计科目……………………

年		凭证号数	摘要	对账√	借方											贷方											借或贷	余额										
月	日				亿	千	百	十	万	千	百	十	元	角	分	亿	千	百	十	万	千	百	十	元	角	分		亿	千	百	十	万	千	百	十	元	角	分

总分类账

会计科目 ....

年		凭证号数	摘要	对账√	借方											贷方											借或贷	余额										
月	日				亿	千	百	十	万	千	百	十	元	角	分	亿	千	百	十	万	千	百	十	元	角	分		亿	千	百	十	万	千	百	十	元	角	分

总分类账

会计科目 ....

年		凭证号数	摘要	对账√	借方											贷方											借或贷	余额										
月	日				亿	千	百	十	万	千	百	十	元	角	分	亿	千	百	十	万	千	百	十	元	角	分		亿	千	百	十	万	千	百	十	元	角	分

总分类账

会计科目 ……………………

年		凭证号数	摘要	对账√	借方											贷方											借或贷	余额										
月	日				亿	千	百	十	万	千	百	十	元	角	分	亿	千	百	十	万	千	百	十	元	角	分		亿	千	百	十	万	千	百	十	元	角	分

总分类账

会计科目 ……………………

年		凭证号数	摘要	对账√	借方											贷方											借或贷	余额										
月	日				亿	千	百	十	万	千	百	十	元	角	分	亿	千	百	十	万	千	百	十	元	角	分		亿	千	百	十	万	千	百	十	元	角	分

总分类账

会计科目 ……………………………

年		凭证号数	摘要	对账√	借方	贷方	借或贷	余额
月	日				亿千百十万千百十元角分	亿千百十万千百十元角分		亿千百十万千百十元角分

总分类账

会计科目 ……………………………

年		凭证号数	摘要	对账√	借方	贷方	借或贷	余额
月	日				亿千百十万千百十元角分	亿千百十万千百十元角分		亿千百十万千百十元角分

总分类账

会计科目 ……………………

年		凭证号数	摘要	对账√	借方											贷方											借或贷	余额										
月	日				亿	千	百	十	万	千	百	十	元	角	分	亿	千	百	十	万	千	百	十	元	角	分		亿	千	百	十	万	千	百	十	元	角	分

总分类账

会计科目 ……………………

年		凭证号数	摘要	对账√	借方											贷方											借或贷	余额										
月	日				亿	千	百	十	万	千	百	十	元	角	分	亿	千	百	十	万	千	百	十	元	角	分		亿	千	百	十	万	千	百	十	元	角	分

总分类账

会计科目 ....

年		凭证号数	摘要	对账√	借方											贷方											借或贷	余额										
月	日				亿	千	百	十	万	千	百	十	元	角	分	亿	千	百	十	万	千	百	十	元	角	分		亿	千	百	十	万	千	百	十	元	角	分

总分类账

会计科目 ....

年		凭证号数	摘要	对账√	借方											贷方											借或贷	余额										
月	日				亿	千	百	十	万	千	百	十	元	角	分	亿	千	百	十	万	千	百	十	元	角	分		亿	千	百	十	万	千	百	十	元	角	分

日记账账簿启用及交接表

单位名称		印　　鉴
账簿名称	（第　　册）	
账簿编号		
账簿页数	本账簿共计　　　　页（本账簿页数 检点人盖章　　　　）	
启用日期	公元　　　　年　　　月　　　日	

经管人员	负责人		主办会计		复核		记账	
	姓名	盖章	姓名	盖章	姓名	盖章	姓名	盖章

接交记录	经管人员		接管				交出			
	职别	姓名	年	月	日	盖章	年	月	日	盖章

备注	

日记账账簿启用及交接表

单位名称		印　　鉴
账簿名称	（第　　册）	
账簿编号		
账簿页数	本账簿共计　　　　页（本账簿页数检点人盖章　　　　）	
启用日期	公元　　　　年　　月　　日	

经管人员	负责人		主办会计		复核		记账	
	姓名	盖章	姓名	盖章	姓名	盖章	姓名	盖章

接交记录	经管人员		接管				交出			
	职别	姓名	年	月	日	盖章	年	月	日	盖章

备注	

年		凭证号数	对方科目	摘要	√	收入(借方)金额										付出(贷方)金额										结余金额									
月	日					千	百	十	万	千	百	十	元	角	分	千	百	十	万	千	百	十	元	角	分	千	百	十	万	千	百	十	元	角	分

年		凭证号数	对方科目	摘要	√	收入(借方)金额										付出(贷方)金额										结余金额									
月	日					千	百	十	万	千	百	十	元	角	分	千	百	十	万	千	百	十	元	角	分	千	百	十	万	千	百	十	元	角	分

年		凭证号数	对方科目	摘要	√	收入(借方)金额										付出(贷方)金额										结余金额									
月	日					千	百	十	万	千	百	十	元	角	分	千	百	十	万	千	百	十	元	角	分	千	百	十	万	千	百	十	元	角	分

年		凭证号数	对方科目	摘要	√	收入(借方)金额										付出(贷方)金额										结余金额									
月	日					千	百	十	万	千	百	十	元	角	分	千	百	十	万	千	百	十	元	角	分	千	百	十	万	千	百	十	元	角	分

年		凭证号数	对方科目	摘要	√	收入(借方)金额										付出(贷方)金额										结余金额									
月	日					千	百	十	万	千	百	十	元	角	分	千	百	十	万	千	百	十	元	角	分	千	百	十	万	千	百	十	元	角	分

年		凭证号数	对方科目	摘要	√	收入(借方)金额										付出(贷方)金额										结余金额									
月	日					千	百	十	万	千	百	十	元	角	分	千	百	十	万	千	百	十	元	角	分	千	百	十	万	千	百	十	元	角	分

年		凭证号数	对方科目	摘要	√	收入(借方)金额										付出(贷方)金额										结余金额									
月	日					千	百	十	万	千	百	十	元	角	分	千	百	十	万	千	百	十	元	角	分	千	百	十	万	千	百	十	元	角	分

年		凭证号数	对方科目	摘要	√	收入(借方)金额										付出(贷方)金额										结余金额									
月	日					千	百	十	万	千	百	十	元	角	分	千	百	十	万	千	百	十	元	角	分	千	百	十	万	千	百	十	元	角	分

年		凭证号数	对方科目	摘要	√	收入(借方)金额										付出(贷方)金额										结余金额									
月	日					千	百	十	万	千	百	十	元	角	分	千	百	十	万	千	百	十	元	角	分	千	百	十	万	千	百	十	元	角	分

年		凭证号数	对方科目	摘　　要	√	收入(借方)金额										付出(贷方)金额										结余金额									
月	日					千	百	十	万	千	百	十	元	角	分	千	百	十	万	千	百	十	元	角	分	千	百	十	万	千	百	十	元	角	分

年		凭证号数	对方科目	摘要	√	收入(借方)金额										付出(贷方)金额										结余金额									
月	日					千	百	十	万	千	百	十	元	角	分	千	百	十	万	千	百	十	元	角	分	千	百	十	万	千	百	十	元	角	分

年		凭证号数	对方科目	摘要	√	收入(借方)金额										付出(贷方)金额										结余金额									
月	日					千	百	十	万	千	百	十	元	角	分	千	百	十	万	千	百	十	元	角	分	千	百	十	万	千	百	十	元	角	分

年		凭证号数	对方科目	摘要	√	收入(借方)金额										付出(贷方)金额										结余金额									
月	日					千	百	十	万	千	百	十	元	角	分	千	百	十	万	千	百	十	元	角	分	千	百	十	万	千	百	十	元	角	分

年		凭证号数	对方科目	摘要	√	收入(借方)金额										付出(贷方)金额										结余金额									
月	日					千	百	十	万	千	百	十	元	角	分	千	百	十	万	千	百	十	元	角	分	千	百	十	万	千	百	十	元	角	分

年		凭证号数	对方科目	摘要	√	收入(借方)金额										付出(贷方)金额										结余金额									
月	日					千	百	十	万	千	百	十	元	角	分	千	百	十	万	千	百	十	元	角	分	千	百	十	万	千	百	十	元	角	分

年		凭证号数	对方科目	摘要	√	收入(借方)金额										付出(贷方)金额										结余金额									
月	日					千	百	十	万	千	百	十	元	角	分	千	百	十	万	千	百	十	元	角	分	千	百	十	万	千	百	十	元	角	分

三栏式明细账目录

编号	科　　目	起讫页码	编号	科　　目	起讫页码

三栏式明细账目录

编号	科　　目	起讫页码	编号	科　　目	起讫页码

……级科目编号及名称……

……级科目编号及名称……

年		凭证		摘要	对应科目	日页	借方											贷方											借或贷	余额										
月	日	种类	号数				千	百	十	万	千	百	十	元	角	分	√	千	百	十	万	千	百	十	元	角	分	√		千	百	十	万	千	百	十	元	角	分	√

……级科目编号及名称……

……级科目编号及名称……

年		凭证		摘要	对应科目	日页	借方											贷方											借或贷	余额										
月	日	种类	号数				千	百	十	万	千	百	十	元	角	分	√	千	百	十	万	千	百	十	元	角	分	√		千	百	十	万	千	百	十	元	角	分	√

……级科目编号及名称……

……级科目编号及名称……

年		凭证		摘要	对应科目	日页	借方											贷方											借或贷	余额										
月	日	种类	号数				千	百	十	万	千	百	十	元	角	分	√	千	百	十	万	千	百	十	元	角	分	√		千	百	十	万	千	百	十	元	角	分	√

……级科目编号及名称……

……级科目编号及名称……

年		凭证		摘要	对应科目	日页	借方											贷方											借或贷	余额										
月	日	种类	号数				千	百	十	万	千	百	十	元	角	分	√	千	百	十	万	千	百	十	元	角	分	√		千	百	十	万	千	百	十	元	角	分	√

……级科目编号及名称……

……级科目编号及名称……

年		凭证		摘要	对应科目	日页	借方											贷方											借或贷	余额										
月	日	种类	号数				千	百	十	万	千	百	十	元	角	分	√	千	百	十	万	千	百	十	元	角	分	√		千	百	十	万	千	百	十	元	角	分	√

……级科目编号及名称……

……级科目编号及名称……

年		凭证		摘要	对应科目	日页	借方											贷方											借或贷	余额										
月	日	种类	号数				千	百	十	万	千	百	十	元	角	分	√	千	百	十	万	千	百	十	元	角	分	√		千	百	十	万	千	百	十	元	角	分	√

……级科目编号及名称……

……级科目编号及名称……

年		凭证		摘要	对应科目	日	借方											贷方											借或贷	余额										
月	日	种类	号数			页	千	百	十	万	千	百	十	元	角	分	√	千	百	十	万	千	百	十	元	角	分	√		千	百	十	万	千	百	十	元	角	分	√

……级科目编号及名称……

……级科目编号及名称……

年		凭证		摘要	对应科目	日	借方											贷方											借或贷	余额										
月	日	种类	号数			页	千	百	十	万	千	百	十	元	角	分	√	千	百	十	万	千	百	十	元	角	分	√		千	百	十	万	千	百	十	元	角	分	√

……级科目编号及名称……

……级科目编号及名称……

年		凭证		摘要	对应科目	日页	借方											贷方											借或贷	余额										
月	日	种类	号数				千	百	十	万	千	百	十	元	角	分	√	千	百	十	万	千	百	十	元	角	分	√		千	百	十	万	千	百	十	元	角	分	√

……级科目编号及名称……

……级科目编号及名称……

年		凭证		摘要	对应科目	日页	借方											贷方											借或贷	余额										
月	日	种类	号数				千	百	十	万	千	百	十	元	角	分	√	千	百	十	万	千	百	十	元	角	分	√		千	百	十	万	千	百	十	元	角	分	√

……级科目编号及名称……

……级科目编号及名称……

年		凭证		摘要	对应科目	日页	借方											贷方											借或贷	余额										
月	日	种类	号数				千	百	十	万	千	百	十	元	角	分	√	千	百	十	万	千	百	十	元	角	分	√		千	百	十	万	千	百	十	元	角	分	√

……级科目编号及名称……

……级科目编号及名称……

年		凭证		摘要	对应科目	日页	借方											贷方											借或贷	余额										
月	日	种类	号数				千	百	十	万	千	百	十	元	角	分	√	千	百	十	万	千	百	十	元	角	分	√		千	百	十	万	千	百	十	元	角	分	√

…………级科目编号及名称……………………………………

…………级科目编号及名称……………………………………

年		凭证		摘要	对应科目	日页	借方											贷方											借或贷	余额										
月	日	种类	号数				千	百	十	万	千	百	十	元	角	分	√	千	百	十	万	千	百	十	元	角	分	√		千	百	十	万	千	百	十	元	角	分	√

…………级科目编号及名称……………………………………

…………级科目编号及名称……………………………………

年		凭证		摘要	对应科目	日页	借方											贷方											借或贷	余额										
月	日	种类	号数				千	百	十	万	千	百	十	元	角	分	√	千	百	十	万	千	百	十	元	角	分	√		千	百	十	万	千	百	十	元	角	分	√

……级科目编号及名称……

……级科目编号及名称……

年		凭证		摘要	对应科目	日页	借方											贷方											借或贷	余额										
月	日	种类	号数				千	百	十	万	千	百	十	元	角	分	√	千	百	十	万	千	百	十	元	角	分	√		千	百	十	万	千	百	十	元	角	分	√

……级科目编号及名称……

……级科目编号及名称……

年		凭证		摘要	对应科目	日页	借方											贷方											借或贷	余额										
月	日	种类	号数				千	百	十	万	千	百	十	元	角	分	√	千	百	十	万	千	百	十	元	角	分	√		千	百	十	万	千	百	十	元	角	分	√

……级科目编号及名称……

……级科目编号及名称……

年		凭证		摘要	对应科目	日页	借方											贷方											借或贷	余额										
月	日	种类	号数				千	百	十	万	千	百	十	元	角	分	√	千	百	十	万	千	百	十	元	角	分	√		千	百	十	万	千	百	十	元	角	分	√

……级科目编号及名称……

……级科目编号及名称……

年		凭证		摘要	对应科目	日页	借方											贷方											借或贷	余额										
月	日	种类	号数				千	百	十	万	千	百	十	元	角	分	√	千	百	十	万	千	百	十	元	角	分	√		千	百	十	万	千	百	十	元	角	分	√

……级科目编号及名称……

……级科目编号及名称……

年		凭证		摘要	对应科目	日页	借方											贷方											借或贷	余额										
月	日	种类	号数				千	百	十	万	千	百	十	元	角	分	√	千	百	十	万	千	百	十	元	角	分	√		千	百	十	万	千	百	十	元	角	分	√

……级科目编号及名称……

……级科目编号及名称……

年		凭证		摘要	对应科目	日页	借方											贷方											借或贷	余额										
月	日	种类	号数				千	百	十	万	千	百	十	元	角	分	√	千	百	十	万	千	百	十	元	角	分	√		千	百	十	万	千	百	十	元	角	分	√

……级科目编号及名称……

……级科目编号及名称……

年		凭证		摘要	对应科目	日页	借方											贷方											借或贷	余额										
月	日	种类	号数				千	百	十	万	千	百	十	元	角	分	√	千	百	十	万	千	百	十	元	角	分	√		千	百	十	万	千	百	十	元	角	分	√

……级科目编号及名称……

……级科目编号及名称……

年		凭证		摘要	对应科目	日页	借方											贷方											借或贷	余额										
月	日	种类	号数				千	百	十	万	千	百	十	元	角	分	√	千	百	十	万	千	百	十	元	角	分	√		千	百	十	万	千	百	十	元	角	分	√

……级科目编号及名称……

……级科目编号及名称……

年		凭证		摘要	对应科目	日页	借方											贷方											借或贷	余额										
月	日	种类	号数				千	百	十	万	千	百	十	元	角	分	√	千	百	十	万	千	百	十	元	角	分	√		千	百	十	万	千	百	十	元	角	分	√

……级科目编号及名称……

……级科目编号及名称……

年		凭证		摘要	对应科目	日页	借方											贷方											借或贷	余额										
月	日	种类	号数				千	百	十	万	千	百	十	元	角	分	√	千	百	十	万	千	百	十	元	角	分	√		千	百	十	万	千	百	十	元	角	分	√

……级科目编号及名称……

……级科目编号及名称……

年		凭证		摘要	对应科目	日页	借方											贷方											借或贷	余额										
月	日	种类	号数				千	百	十	万	千	百	十	元	角	分	√	千	百	十	万	千	百	十	元	角	分	√		千	百	十	万	千	百	十	元	角	分	√

……级科目编号及名称……

……级科目编号及名称……

年		凭证		摘要	对应科目	日页	借方											贷方											借或贷	余额										
月	日	种类	号数				千	百	十	万	千	百	十	元	角	分	√	千	百	十	万	千	百	十	元	角	分	√		千	百	十	万	千	百	十	元	角	分	√

……级科目编号及名称……

……级科目编号及名称……

年		凭证		摘要	对应科目	日页	借方											贷方											借或贷	余额										
月	日	种类	号数				千	百	十	万	千	百	十	元	角	分	√	千	百	十	万	千	百	十	元	角	分	√		千	百	十	万	千	百	十	元	角	分	√

……级科目编号及名称……

……级科目编号及名称……

年		凭证		摘要	对应科目	日页	借方											贷方											借或贷	余额										
月	日	种类	号数				千	百	十	万	千	百	十	元	角	分	√	千	百	十	万	千	百	十	元	角	分	√		千	百	十	万	千	百	十	元	角	分	√

……级科目编号及名称……

……级科目编号及名称……

年		凭证		摘要	对应科目	日页	借方											贷方											借或贷	余额										
月	日	种类	号数				千	百	十	万	千	百	十	元	角	分	√	千	百	十	万	千	百	十	元	角	分	√		千	百	十	万	千	百	十	元	角	分	√

……级科目编号及名称……

……级科目编号及名称……

年		凭证		摘要	对应科目	日页	借方											贷方											借或贷	余额										
月	日	种类	号数				千	百	十	万	千	百	十	元	角	分	√	千	百	十	万	千	百	十	元	角	分	√		千	百	十	万	千	百	十	元	角	分	√

……级科目编号及名称……

……级科目编号及名称……

年		凭证		摘要	对应科目	日页	借方		贷方		借或贷	余额	
月	日	种类	号数				千百十万千百十元角分	√	千百十万千百十元角分	√		千百十万千百十元角分	√

……级科目编号及名称……

……级科目编号及名称……

年		凭证		摘要	对应科目	日页	借方		贷方		借或贷	余额	
月	日	种类	号数				千百十万千百十元角分	√	千百十万千百十元角分	√		千百十万千百十元角分	√

……级科目编号及名称……

……级科目编号及名称……

年		凭证		摘要	对应科目	日页	借方											贷方											借或贷	余额										
月	日	种类	号数				千	百	十	万	千	百	十	元	角	分	√	千	百	十	万	千	百	十	元	角	分	√		千	百	十	万	千	百	十	元	角	分	√

……级科目编号及名称……

……级科目编号及名称……

年		凭证		摘要	对应科目	日页	借方											贷方											借或贷	余额										
月	日	种类	号数				千	百	十	万	千	百	十	元	角	分	√	千	百	十	万	千	百	十	元	角	分	√		千	百	十	万	千	百	十	元	角	分	√

……级科目编号及名称……

……级科目编号及名称……

年		凭证		摘要	对应科目	日页	借方											贷方											借或贷	余额										
月	日	种类	号数				千	百	十	万	千	百	十	元	角	分	√	千	百	十	万	千	百	十	元	角	分	√		千	百	十	万	千	百	十	元	角	分	√

……级科目编号及名称……

……级科目编号及名称……

年		凭证		摘要	对应科目	日页	借方											贷方											借或贷	余额										
月	日	种类	号数				千	百	十	万	千	百	十	元	角	分	√	千	百	十	万	千	百	十	元	角	分	√		千	百	十	万	千	百	十	元	角	分	√

……级科目编号及名称……

……级科目编号及名称……

年		凭证		摘要	对应科目	日页	借方											贷方											借或贷	余额										
月	日	种类	号数				千	百	十	万	千	百	十	元	角	分	√	千	百	十	万	千	百	十	元	角	分	√		千	百	十	万	千	百	十	元	角	分	√

……级科目编号及名称……

……级科目编号及名称……

年		凭证		摘要	对应科目	日页	借方											贷方											借或贷	余额										
月	日	种类	号数				千	百	十	万	千	百	十	元	角	分	√	千	百	十	万	千	百	十	元	角	分	√		千	百	十	万	千	百	十	元	角	分	√

…………级科目编号及名称…………………………

…………级科目编号及名称…………………………

年		凭证		摘要	对应科目	日页	借方											贷方											借或贷	余额										
月	日	种类	号数				千	百	十	万	千	百	十	元	角	分	√	千	百	十	万	千	百	十	元	角	分	√		千	百	十	万	千	百	十	元	角	分	√

…………级科目编号及名称…………………………

…………级科目编号及名称…………………………

年		凭证		摘要	对应科目	日页	借方											贷方											借或贷	余额										
月	日	种类	号数				千	百	十	万	千	百	十	元	角	分	√	千	百	十	万	千	百	十	元	角	分	√		千	百	十	万	千	百	十	元	角	分	√

……级科目编号及名称……

……级科目编号及名称……

年		凭证		摘要	对应科目	日	借方											贷方											借或贷	余额										
月	日	种类	号数			页	千	百	十	万	千	百	十	元	角	分	√	千	百	十	万	千	百	十	元	角	分	√		千	百	十	万	千	百	十	元	角	分	√

……级科目编号及名称……

……级科目编号及名称……

年		凭证		摘要	对应科目	日	借方											贷方											借或贷	余额										
月	日	种类	号数			页	千	百	十	万	千	百	十	元	角	分	√	千	百	十	万	千	百	十	元	角	分	√		千	百	十	万	千	百	十	元	角	分	√

…………级科目编号及名称…………………………

…………级科目编号及名称…………………………

年		凭证		摘要	对应科目	日页	借方											贷方											借或贷	余额										
月	日	种类	号数				千	百	十	万	千	百	十	元	角	分	√	千	百	十	万	千	百	十	元	角	分	√		千	百	十	万	千	百	十	元	角	分	√

…………级科目编号及名称…………………………

…………级科目编号及名称…………………………

年		凭证		摘要	对应科目	日页	借方											贷方											借或贷	余额										
月	日	种类	号数				千	百	十	万	千	百	十	元	角	分	√	千	百	十	万	千	百	十	元	角	分	√		千	百	十	万	千	百	十	元	角	分	√

……级科目编号及名称……

……级科目编号及名称……

年		凭证		摘要	对应科目	日页	借方											贷方											借或贷	余额										
月	日	种类	号数				千	百	十	万	千	百	十	元	角	分	√	千	百	十	万	千	百	十	元	角	分	√		千	百	十	万	千	百	十	元	角	分	√

……级科目编号及名称……

……级科目编号及名称……

年		凭证		摘要	对应科目	日页	借方											贷方											借或贷	余额										
月	日	种类	号数				千	百	十	万	千	百	十	元	角	分	√	千	百	十	万	千	百	十	元	角	分	√		千	百	十	万	千	百	十	元	角	分	√

……级科目编号及名称……

……级科目编号及名称……

年		凭证		摘要	对应科目	日页	借方											贷方											借或贷	余额										
月	日	种类	号数				千	百	十	万	千	百	十	元	角	分	√	千	百	十	万	千	百	十	元	角	分	√		千	百	十	万	千	百	十	元	角	分	√

……级科目编号及名称……

……级科目编号及名称……

年		凭证		摘要	对应科目	日页	借方											贷方											借或贷	余额										
月	日	种类	号数				千	百	十	万	千	百	十	元	角	分	√	千	百	十	万	千	百	十	元	角	分	√		千	百	十	万	千	百	十	元	角	分	√

……级科目编号及名称……

……级科目编号及名称……

年		凭证		摘要	对应科目	日页	借方	贷方	借或贷	余额
月	日	种类	号数				千百十万千百十元角分 √	千百十万千百十元角分 √		千百十万千百十元角分 √

……级科目编号及名称……

……级科目编号及名称……

年		凭证		摘要	对应科目	日页	借方	贷方	借或贷	余额
月	日	种类	号数				千百十万千百十元角分 √	千百十万千百十元角分 √		千百十万千百十元角分 √

……级科目编号及名称……

……级科目编号及名称……

年		凭证		摘要	对应科目	日页	借方											贷方											借或贷	余额										
月	日	种类	号数				千	百	十	万	千	百	十	元	角	分	√	千	百	十	万	千	百	十	元	角	分	√		千	百	十	万	千	百	十	元	角	分	√

……级科目编号及名称……

……级科目编号及名称……

年		凭证		摘要	对应科目	日页	借方											贷方											借或贷	余额										
月	日	种类	号数				千	百	十	万	千	百	十	元	角	分	√	千	百	十	万	千	百	十	元	角	分	√		千	百	十	万	千	百	十	元	角	分	√

…………级科目编号及名称…………

…………级科目编号及名称…………

年		凭证		摘要	对应科目	日页	借方											贷方											借或贷	余额										
月	日	种类	号数				千	百	十	万	千	百	十	元	角	分	√	千	百	十	万	千	百	十	元	角	分	√		千	百	十	万	千	百	十	元	角	分	√

…………级科目编号及名称…………

…………级科目编号及名称…………

年		凭证		摘要	对应科目	日页	借方											贷方											借或贷	余额										
月	日	种类	号数				千	百	十	万	千	百	十	元	角	分	√	千	百	十	万	千	百	十	元	角	分	√		千	百	十	万	千	百	十	元	角	分	√

……级科目编号及名称……

……级科目编号及名称……

年		凭证		摘要	对应科目	日页	借方											贷方											借或贷	余额										
月	日	种类	号数				千	百	十	万	千	百	十	元	角	分	√	千	百	十	万	千	百	十	元	角	分	√		千	百	十	万	千	百	十	元	角	分	√

……级科目编号及名称……

……级科目编号及名称……

年		凭证		摘要	对应科目	日页	借方											贷方											借或贷	余额										
月	日	种类	号数				千	百	十	万	千	百	十	元	角	分	√	千	百	十	万	千	百	十	元	角	分	√		千	百	十	万	千	百	十	元	角	分	√

……级科目编号及名称……

……级科目编号及名称……

年		凭证		摘要	对应科目	日	借方											贷方											借或贷	余额										
月	日	种类	号数			页	千	百	十	万	千	百	十	元	角	分	√	千	百	十	万	千	百	十	元	角	分	√		千	百	十	万	千	百	十	元	角	分	√

……级科目编号及名称……

……级科目编号及名称……

年		凭证		摘要	对应科目	日	借方											贷方											借或贷	余额										
月	日	种类	号数			页	千	百	十	万	千	百	十	元	角	分	√	千	百	十	万	千	百	十	元	角	分	√		千	百	十	万	千	百	十	元	角	分	√

……级科目编号及名称……

……级科目编号及名称……

年		凭证		摘要	对应科目	日页	借方											贷方											借或贷	余额										
月	日	种类	号数				千	百	十	万	千	百	十	元	角	分	√	千	百	十	万	千	百	十	元	角	分	√		千	百	十	万	千	百	十	元	角	分	√

……级科目编号及名称……

……级科目编号及名称……

年		凭证		摘要	对应科目	日页	借方											贷方											借或贷	余额										
月	日	种类	号数				千	百	十	万	千	百	十	元	角	分	√	千	百	十	万	千	百	十	元	角	分	√		千	百	十	万	千	百	十	元	角	分	√

…………级科目编号及名称……………………………………

…………级科目编号及名称……………………………………

年		凭证		摘要	对应科目	日页	借方											贷方											借或贷	余额										
月	日	种类	号数				千	百	十	万	千	百	十	元	角	分	√	千	百	十	万	千	百	十	元	角	分	√		千	百	十	万	千	百	十	元	角	分	√

…………级科目编号及名称……………………………………

…………级科目编号及名称……………………………………

年		凭证		摘要	对应科目	日页	借方											贷方											借或贷	余额										
月	日	种类	号数				千	百	十	万	千	百	十	元	角	分	√	千	百	十	万	千	百	十	元	角	分	√		千	百	十	万	千	百	十	元	角	分	√

……级科目编号及名称……

……级科目编号及名称……

年		凭证		摘要	对应科目	日页	借方											贷方											借或贷	余额										
月	日	种类	号数				千	百	十	万	千	百	十	元	角	分	√	千	百	十	万	千	百	十	元	角	分	√		千	百	十	万	千	百	十	元	角	分	√

……级科目编号及名称……

……级科目编号及名称……

年		凭证		摘要	对应科目	日页	借方											贷方											借或贷	余额										
月	日	种类	号数				千	百	十	万	千	百	十	元	角	分	√	千	百	十	万	千	百	十	元	角	分	√		千	百	十	万	千	百	十	元	角	分	√

……级科目编号及名称……

……级科目编号及名称……

年		凭证		摘要	对应科目	日页	借方											贷方											借或贷	余额										
月	日	种类	号数				千	百	十	万	千	百	十	元	角	分	√	千	百	十	万	千	百	十	元	角	分	√		千	百	十	万	千	百	十	元	角	分	√

……级科目编号及名称……

……级科目编号及名称……

年		凭证		摘要	对应科目	日页	借方											贷方											借或贷	余额										
月	日	种类	号数				千	百	十	万	千	百	十	元	角	分	√	千	百	十	万	千	百	十	元	角	分	√		千	百	十	万	千	百	十	元	角	分	√

……级科目编号及名称……

……级科目编号及名称……

年		凭证		摘要	对应科目	日页	借方											贷方											借或贷	余额										
月	日	和类	号数				千	百	十	万	千	百	十	元	角	分	√	千	百	十	万	千	百	十	元	角	分	√		千	百	十	万	千	百	十	元	角	分	√

……级科目编号及名称……

……级科目编号及名称……

年		凭证		摘要	对应科目	日页	借方											贷方											借或贷	余额										
月	日	种类	号数				千	百	十	万	千	百	十	元	角	分	√	千	百	十	万	千	百	十	元	角	分	√		千	百	十	万	千	百	十	元	角	分	√

…………级科目编号及名称…………………………

…………级科目编号及名称…………………………

年		凭证		摘要	对应科目	日页	借方											贷方											借或贷	余额										
月	日	种类	号数				千	百	十	万	千	百	十	元	角	分	√	千	百	十	万	千	百	十	元	角	分	√		千	百	十	万	千	百	十	元	角	分	√

…………级科目编号及名称…………………………

…………级科目编号及名称…………………………

年		凭证		摘要	对应科目	日页	借方											贷方											借或贷	余额										
月	日	种类	号数				千	百	十	万	千	百	十	元	角	分	√	千	百	十	万	千	百	十	元	角	分	√		千	百	十	万	千	百	十	元	角	分	√

……级科目编号及名称……

……级科目编号及名称……

年		凭证		摘要	对应科目	日页	借方											贷方											借或贷	余额										
月	日	种类	号数				千	百	十	万	千	百	十	元	角	分	√	千	百	十	万	千	百	十	元	角	分	√		千	百	十	万	千	百	十	元	角	分	√

……级科目编号及名称……

……级科目编号及名称……

年		凭证		摘要	对应科目	日页	借方											贷方											借或贷	余额										
月	日	种类	号数				千	百	十	万	千	百	十	元	角	分	√	千	百	十	万	千	百	十	元	角	分	√		千	百	十	万	千	百	十	元	角	分	√

级科目编号及名称

级科目编号及名称

年		凭证		摘要	对应科目	日页	借方											贷方											借或贷	余额										
月	日	种类	号数				千	百	十	万	千	百	十	元	角	分	√	千	百	十	万	千	百	十	元	角	分	√		千	百	十	万	千	百	十	元	角	分	√

级科目编号及名称

级科目编号及名称

年		凭证		摘要	对应科目	日页	借方											贷方											借或贷	余额										
月	日	种类	号数				千	百	十	万	千	百	十	元	角	分	√	千	百	十	万	千	百	十	元	角	分	√		千	百	十	万	千	百	十	元	角	分	√

……级科目编号及名称……

……级科目编号及名称……

年		凭证		摘要	对应科目	日页	借方											贷方											借或贷	余额										
月	日	种类	号数				千	百	十	万	千	百	十	元	角	分	√	千	百	十	万	千	百	十	元	角	分	√		千	百	十	万	千	百	十	元	角	分	√

……级科目编号及名称……

……级科目编号及名称……

年		凭证		摘要	对应科目	日页	借方											贷方											借或贷	余额										
月	日	种类	号数				千	百	十	万	千	百	十	元	角	分	√	千	百	十	万	千	百	十	元	角	分	√		千	百	十	万	千	百	十	元	角	分	√

……级科目编号及名称……

……级科目编号及名称……

年		凭证		摘要	对应科目	日页	借方		贷方		借或贷	余额	
月	日	种类	号数				千百十万千百十元角分	√	千百十万千百十元角分	√		千百十万千百十元角分	√

……级科目编号及名称……

……级科目编号及名称……

年		凭证		摘要	对应科目	日页	借方		贷方		借或贷	余额	
月	日	种类	号数				千百十万千百十元角分	√	千百十万千百十元角分	√		千百十万千百十元角分	√

……级科目编号及名称……

……级科目编号及名称……

年		凭证		摘要	对应科目	日页	借方		贷方		借或贷	余额	
月	日	种类	号数				千百十万千百十元角分	√	千百十万千百十元角分	√		千百十万千百十元角分	√

……级科目编号及名称……

……级科目编号及名称……

年		凭证		摘要	对应科目	日页	借方		贷方		借或贷	余额	
月	日	种类	号数				千百十万千百十元角分	√	千百十万千百十元角分	√		千百十万千百十元角分	√

……级科目编号及名称……

……级科目编号及名称……

年		凭证		摘要	对应科目	日页	借方											贷方											借或贷	余额										
月	日	种类	号数				千	百	十	万	千	百	十	元	角	分	√	千	百	十	万	千	百	十	元	角	分	√		千	百	十	万	千	百	十	元	角	分	√

……级科目编号及名称……

……级科目编号及名称……

年		凭证		摘要	对应科目	日页	借方											贷方											借或贷	余额										
月	日	种类	号数				千	百	十	万	千	百	十	元	角	分	√	千	百	十	万	千	百	十	元	角	分	√		千	百	十	万	千	百	十	元	角	分	√

……级科目编号及名称……

……级科目编号及名称……

年		凭证		摘要	对应科目	日页	借方											贷方											借或贷	余额										
月	日	种类	号数				千	百	十	万	千	百	十	元	角	分	√	千	百	十	万	千	百	十	元	角	分	√		千	百	十	万	千	百	十	元	角	分	√

……级科目编号及名称……

……级科目编号及名称……

年		凭证		摘要	对应科目	日页	借方											贷方											借或贷	余额										
月	日	种类	号数				千	百	十	万	千	百	十	元	角	分	√	千	百	十	万	千	百	十	元	角	分	√		千	百	十	万	千	百	十	元	角	分	√

……级科目编号及名称……

……级科目编号及名称……

年		凭证		摘要	对应科目	日页	借方											贷方											借或贷	余额										
月	日	种类	号数				千	百	十	万	千	百	十	元	角	分	√	千	百	十	万	千	百	十	元	角	分	√		千	百	十	万	千	百	十	元	角	分	√

……级科目编号及名称……

……级科目编号及名称……

年		凭证		摘要	对应科目	日页	借方											贷方											借或贷	余额										
月	日	种类	号数				千	百	十	万	千	百	十	元	角	分	√	千	百	十	万	千	百	十	元	角	分	√		千	百	十	万	千	百	十	元	角	分	√

……级科目编号及名称……

……级科目编号及名称……

年		凭证		摘要	对应科目	日页	借方											贷方											借或贷	余额										
月	日	种类	号数				千	百	十	万	千	百	十	元	角	分	√	千	百	十	万	千	百	十	元	角	分	√		千	百	十	万	千	百	十	元	角	分	√

……级科目编号及名称……

……级科目编号及名称……

年		凭证		摘要	对应科目	日页	借方											贷方											借或贷	余额										
月	日	种类	号数				千	百	十	万	千	百	十	元	角	分	√	千	百	十	万	千	百	十	元	角	分	√		千	百	十	万	千	百	十	元	角	分	√

……级科目编号及名称……

……级科目编号及名称……

年		凭证		摘要	对应科目	日	借方											贷方											借或贷	余额										
月	日	种类	号数			页	千	百	十	万	千	百	十	元	角	分	√	千	百	十	万	千	百	十	元	角	分	√		千	百	十	万	千	百	十	元	角	分	√

……级科目编号及名称……

……级科目编号及名称……

年		凭证		摘要	对应科目	日	借方											贷方											借或贷	余额										
月	日	种类	号数			页	千	百	十	万	千	百	十	元	角	分	√	千	百	十	万	千	百	十	元	角	分	√		千	百	十	万	千	百	十	元	角	分	√

………级科目编号及名称………………………

………级科目编号及名称………………………

年		凭证		摘要	对应科目	日页	借方											贷方											借或贷	余额										
月	日	种类	号数				千	百	十	万	千	百	十	元	角	分	√	千	百	十	万	千	百	十	元	角	分	√		千	百	十	万	千	百	十	元	角	分	√

………级科目编号及名称………………………

………级科目编号及名称………………………

年		凭证		摘要	对应科目	日页	借方											贷方											借或贷	余额										
月	日	种类	号数				千	百	十	万	千	百	十	元	角	分	√	千	百	十	万	千	百	十	元	角	分	√		千	百	十	万	千	百	十	元	角	分	√

……级科目编号及名称……

……级科目编号及名称……

年		凭证		摘要	对应科目	日页	借方											贷方											借或贷	余额										
月	日	种类	号数				千	百	十	万	千	百	十	元	角	分	√	千	百	十	万	千	百	十	元	角	分	√		千	百	十	万	千	百	十	元	角	分	√

……级科目编号及名称……

……级科目编号及名称……

年		凭证		摘要	对应科目	日页	借方											贷方											借或贷	余额										
月	日	种类	号数				千	百	十	万	千	百	十	元	角	分	√	千	百	十	万	千	百	十	元	角	分	√		千	百	十	万	千	百	十	元	角	分	√

……级科目编号及名称……

……级科目编号及名称……

年		凭证		摘要	对应科目	日页	借方											贷方											借或贷	余额										
月	日	种类	号数				千	百	十	万	千	百	十	元	角	分	√	千	百	十	万	千	百	十	元	角	分	√		千	百	十	万	千	百	十	元	角	分	√

……级科目编号及名称……

……级科目编号及名称……

年		凭证		摘要	对应科目	日页	借方											贷方											借或贷	余额										
月	日	种类	号数				千	百	十	万	千	百	十	元	角	分	√	千	百	十	万	千	百	十	元	角	分	√		千	百	十	万	千	百	十	元	角	分	√

……级科目编号及名称……

……级科目编号及名称……

年		凭证		摘要	对应科目	日页	借方	贷方	借或贷	余额
月	日	种类	号数				千百十万千百十元角分 √	千百十万千百十元角分 √		千百十万千百十元角分 √

……级科目编号及名称……

……级科目编号及名称……

年		凭证		摘要	对应科目	日页	借方	贷方	借或贷	余额
月	日	种类	号数				千百十万千百十元角分 √	千百十万千百十元角分 √		千百十万千百十元角分 √

……级科目编号及名称……

……级科目编号及名称……

年		凭证		摘要	对应科目	日页	借方											贷方											借或贷	余额										
月	日	种类	号数				千	百	十	万	千	百	十	元	角	分	√	千	百	十	万	千	百	十	元	角	分	√		千	百	十	万	千	百	十	元	角	分	√

……级科目编号及名称……

……级科目编号及名称……

年		凭证		摘要	对应科目	日页	借方											贷方											借或贷	余额										
月	日	种类	号数				千	百	十	万	千	百	十	元	角	分	√	千	百	十	万	千	百	十	元	角	分	√		千	百	十	万	千	百	十	元	角	分	√

……级科目编号及名称……

……级科目编号及名称……

年		凭证		摘要	对应科目	日页	借方											贷方											借或贷	余额										
月	日	种类	号数				千	百	十	万	千	百	十	元	角	分	√	千	百	十	万	千	百	十	元	角	分	√		千	百	十	万	千	百	十	元	角	分	√

……级科目编号及名称……

……级科目编号及名称……

年		凭证		摘要	对应科目	日页	借方											贷方											借或贷	余额										
月	日	种类	号数				千	百	十	万	千	百	十	元	角	分	√	千	百	十	万	千	百	十	元	角	分	√		千	百	十	万	千	百	十	元	角	分	√

……级科目编号及名称……

……级科目编号及名称……

年		凭证		摘要	对应科目	日页	借方											贷方											借或贷	余额										
月	日	种类	号数				千	百	十	万	千	百	十	元	角	分	√	千	百	十	万	千	百	十	元	角	分	√		千	百	十	万	千	百	十	元	角	分	√

……级科目编号及名称……

……级科目编号及名称……

年		凭证		摘要	对应科目	日页	借方											贷方											借或贷	余额										
月	日	种类	号数				千	百	十	万	千	百	十	元	角	分	√	千	百	十	万	千	百	十	元	角	分	√		千	百	十	万	千	百	十	元	角	分	√

……级科目编号及名称……

……级科目编号及名称……

年		凭证		摘要	对应科目	日页	借方											贷方											借或贷	余额										
月	日	种类	号数				千	百	十	万	千	百	十	元	角	分	√	千	百	十	万	千	百	十	元	角	分	√		千	百	十	万	千	百	十	元	角	分	√

……级科目编号及名称……

……级科目编号及名称……

年		凭证		摘要	对应科目	日页	借方											贷方											借或贷	余额										
月	日	种类	号数				千	百	十	万	千	百	十	元	角	分	√	千	百	十	万	千	百	十	元	角	分	√		千	百	十	万	千	百	十	元	角	分	√

……级科目编号及名称……

……级科目编号及名称……

年		凭证		摘要	对应科目	日页	借方											贷方											借或贷	余额										
月	日	种类	号数				千	百	十	万	千	百	十	元	角	分	√	千	百	十	万	千	百	十	元	角	分	√		千	百	十	万	千	百	十	元	角	分	√

……级科目编号及名称……

……级科目编号及名称……

年		凭证		摘要	对应科目	日页	借方											贷方											借或贷	余额										
月	日	种类	号数				千	百	十	万	千	百	十	元	角	分	√	千	百	十	万	千	百	十	元	角	分	√		千	百	十	万	千	百	十	元	角	分	√

……级科目编号及名称……

……级科目编号及名称……

年		凭证		摘要	对应科目	日页	借方	√	贷方	√	借或贷	余额	√
月	日	种类	号数				千百十万千百十元角分		千百十万千百十元角分			千百十万千百十元角分	

……级科目编号及名称……

……级科目编号及名称……

年		凭证		摘要	对应科目	日页	借方	√	贷方	√	借或贷	余额	√
月	日	种类	号数				千百十万千百十元角分		千百十万千百十元角分			千百十万千百十元角分	

……级科目编号及名称……

……级科目编号及名称……

年		凭证		摘要	对应科目	日页	借方											贷方											借或贷	余额										
月	日	种类	号数				千	百	十	万	千	百	十	元	角	分	√	千	百	十	万	千	百	十	元	角	分	√		千	百	十	万	千	百	十	元	角	分	√

……级科目编号及名称……

……级科目编号及名称……

年		凭证		摘要	对应科目	日页	借方											贷方											借或贷	余额										
月	日	种类	号数				千	百	十	万	千	百	十	元	角	分	√	千	百	十	万	千	百	十	元	角	分	√		千	百	十	万	千	百	十	元	角	分	√

……级科目编号及名称……

……级科目编号及名称……

年		凭证		摘要	对应科目	日页	借方											贷方											借或贷	余额										
月	日	种类	号数				千	百	十	万	千	百	十	元	角	分	√	千	百	十	万	千	百	十	元	角	分	√		千	百	十	万	千	百	十	元	角	分	√

……级科目编号及名称……

……级科目编号及名称……

年		凭证		摘要	对应科目	日页	借方											贷方											借或贷	余额										
月	日	种类	号数				千	百	十	万	千	百	十	元	角	分	√	千	百	十	万	千	百	十	元	角	分	√		千	百	十	万	千	百	十	元	角	分	√

……级科目编号及名称……

……级科目编号及名称……

年		凭证		摘要	对应科目	日页	借方											贷方											借或贷	余额										
月	日	种类	号数				千	百	十	万	千	百	十	元	角	分	√	千	百	十	万	千	百	十	元	角	分	√		千	百	十	万	千	百	十	元	角	分	√

……级科目编号及名称……

……级科目编号及名称……

年		凭证		摘要	对应科目	日页	借方											贷方											借或贷	余额										
月	日	种类	号数				千	百	十	万	千	百	十	元	角	分	√	千	百	十	万	千	百	十	元	角	分	√		千	百	十	万	千	百	十	元	角	分	√

……级科目编号及名称……

……级科目编号及名称……

年		凭证		摘要	对应科目	日页	借方											贷方											借或贷	余额										
月	日	种类	号数				千	百	十	万	千	百	十	元	角	分	√	千	百	十	万	千	百	十	元	角	分	√		千	百	十	万	千	百	十	元	角	分	√

……级科目编号及名称……

……级科目编号及名称……

年		凭证		摘要	对应科目	日页	借方											贷方											借或贷	余额										
月	日	种类	号数				千	百	十	万	千	百	十	元	角	分	√	千	百	十	万	千	百	十	元	角	分	√		千	百	十	万	千	百	十	元	角	分	√

……级科目编号及名称……

……级科目编号及名称……

年		凭证		摘要	对应科目	日页	借方											贷方											借或贷	余额										
月	日	种类	号数				千	百	十	万	千	百	十	元	角	分	√	千	百	十	万	千	百	十	元	角	分	√		千	百	十	万	千	百	十	元	角	分	√

……级科目编号及名称……

……级科目编号及名称……

年		凭证		摘要	对应科目	日页	借方											贷方											借或贷	余额										
月	日	种类	号数				千	百	十	万	千	百	十	元	角	分	√	千	百	十	万	千	百	十	元	角	分	√		千	百	十	万	千	百	十	元	角	分	√

……级科目编号及名称……

……级科目编号及名称……

年		凭证		摘要	对应科目	日页	借方											贷方											借或贷	余额										
月	日	种类	号数				千	百	十	万	千	百	十	元	角	分	√	千	百	十	万	千	百	十	元	角	分	√		千	百	十	万	千	百	十	元	角	分	√

……级科目编号及名称……

……级科目编号及名称……

年		凭证		摘要	对应科目	日页	借方											贷方											借或贷	余额										
月	日	种类	号数				千	百	十	万	千	百	十	元	角	分	√	千	百	十	万	千	百	十	元	角	分	√		千	百	十	万	千	百	十	元	角	分	√

……级科目编号及名称……

……级科目编号及名称……

年		凭证		摘要	对应科目	日页	借方											贷方											借或贷	余额										
月	日	种类	号数				千	百	十	万	千	百	十	元	角	分	√	千	百	十	万	千	百	十	元	角	分	√		千	百	十	万	千	百	十	元	角	分	√

……级科目编号及名称……

……级科目编号及名称……

年		凭证		摘要	对应科目	日页	借方											贷方											借或贷	余额										
月	日	和类	号数				千	百	十	万	千	百	十	元	角	分	√	千	百	十	万	千	百	十	元	角	分	√		千	百	十	万	千	百	十	元	角	分	√

……级科目编号及名称……

……级科目编号及名称……

年		凭证		摘要	对应科目	日页	借方											贷方											借或贷	余额										
月	日	种类	号数				千	百	十	万	千	百	十	元	角	分	√	千	百	十	万	千	百	十	元	角	分	√		千	百	十	万	千	百	十	元	角	分	√

……级科目编号及名称……

……级科目编号及名称……

年		凭证		摘要	对应科目	日页	借方											贷方											借或贷	余额										
月	日	种类	号数				千	百	十	万	千	百	十	元	角	分	√	千	百	十	万	千	百	十	元	角	分	√		千	百	十	万	千	百	十	元	角	分	√

……级科目编号及名称……

……级科目编号及名称……

年		凭证		摘要	对应科目	日页	借方											贷方											借或贷	余额										
月	日	种类	号数				千	百	十	万	千	百	十	元	角	分	√	千	百	十	万	千	百	十	元	角	分	√		千	百	十	万	千	百	十	元	角	分	√

……级科目编号及名称……

……级科目编号及名称……

年		凭证		摘要	对应科目	日页	借方											贷方											借或贷	余额										
月	日	种类	号数				千	百	十	万	千	百	十	元	角	分	√	千	百	十	万	千	百	十	元	角	分	√		千	百	十	万	千	百	十	元	角	分	√

……级科目编号及名称……

……级科目编号及名称……

年		凭证		摘要	对应科目	日页	借方											贷方											借或贷	余额										
月	日	种类	号数				千	百	十	万	千	百	十	元	角	分	√	千	百	十	万	千	百	十	元	角	分	√		千	百	十	万	千	百	十	元	角	分	√

……级科目编号及名称……

……级科目编号及名称……

年		凭证		摘要	对应科目	日页	借方											贷方											借或贷	余额										
月	日	种类	号数				千	百	十	万	千	百	十	元	角	分	√	千	百	十	万	千	百	十	元	角	分	√		千	百	十	万	千	百	十	元	角	分	√

……级科目编号及名称……

……级科目编号及名称……

年		凭证		摘要	对应科目	日页	借方											贷方											借或贷	余额										
月	日	种类	号数				千	百	十	万	千	百	十	元	角	分	√	千	百	十	万	千	百	十	元	角	分	√		千	百	十	万	千	百	十	元	角	分	√

……级科目编号及名称……

……级科目编号及名称……

年		凭证		摘要	对应科目	日页	借方											贷方											借或贷	余额										
月	日	种类	号数				千	百	十	万	千	百	十	元	角	分	√	千	百	十	万	千	百	十	元	角	分	√		千	百	十	万	千	百	十	元	角	分	√

……级科目编号及名称……

……级科目编号及名称……

年		凭证		摘要	对应科目	日页	借方											贷方											借或贷	余额										
月	日	种类	号数				千	百	十	万	千	百	十	元	角	分	√	千	百	十	万	千	百	十	元	角	分	√		千	百	十	万	千	百	十	元	角	分	√

……级科目编号及名称……

……级科目编号及名称……

年		凭证		摘要	对应科目	日页	借方											贷方											借或贷	余额										
月	日	种类	号数				千	百	十	万	千	百	十	元	角	分	√	千	百	十	万	千	百	十	元	角	分	√		千	百	十	万	千	百	十	元	角	分	√

……级科目编号及名称……

……级科目编号及名称……

年		凭证		摘要	对应科目	日页	借方											贷方											借或贷	余额										
月	日	种类	号数				千	百	十	万	千	百	十	元	角	分	√	千	百	十	万	千	百	十	元	角	分	√		千	百	十	万	千	百	十	元	角	分	√

……级科目编号及名称……

……级科目编号及名称……

年		凭证		摘要	对应科目	日页	借方											贷方											借或贷	余额										
月	日	种类	号数				千	百	十	万	千	百	十	元	角	分	√	千	百	十	万	千	百	十	元	角	分	√		千	百	十	万	千	百	十	元	角	分	√

……级科目编号及名称……

……级科目编号及名称……

年		凭证		摘要	对应科目	日页	借方											贷方											借或贷	余额										
月	日	种类	号数				千	百	十	万	千	百	十	元	角	分	√	千	百	十	万	千	百	十	元	角	分	√		千	百	十	万	千	百	十	元	角	分	√

……级科目编号及名称……

……级科目编号及名称……

年		凭证		摘要	对应科目	日页	借方											贷方											借或贷	余额										
月	日	种类	号数				千	百	十	万	千	百	十	元	角	分	√	千	百	十	万	千	百	十	元	角	分	√		千	百	十	万	千	百	十	元	角	分	√

……级科目编号及名称……

……级科目编号及名称……

年		凭证		摘要	对应科目	日页	借方											贷方											借或贷	余额										
月	日	种类	号数				千	百	十	万	千	百	十	元	角	分	√	千	百	十	万	千	百	十	元	角	分	√		千	百	十	万	千	百	十	元	角	分	√

……级科目编号及名称……

……级科目编号及名称……

年		凭证		摘要	对应科目	日页	借方											贷方											借或贷	余额										
月	日	种类	号数				千	百	十	万	千	百	十	元	角	分	√	千	百	十	万	千	百	十	元	角	分	√		千	百	十	万	千	百	十	元	角	分	√

材料科目：__________ 类别：__________

编号、名称：__________

年		记账凭证	发票账单	供应单位	规格	计量单位	发票数量	实收数量	实际成本				计划成本		材料成本差异	
月	日								发票金额	运杂费	其他	合计	单价	金额	超支	节约

材料科目：…………………… 类别：……………………

编号、名称：……………………………………

年		记账凭证	发票账单	供应单位	规格	计量单位	发票数量	实收数量	实际成本				计划成本		材料成本差异	
月	日								发票金额	运杂费	其他	合计	单价	金额	超支	节约

材料科目：…………………… 类别：……………………

编号、名称：……………………………………

年		记账凭证	发票账单	供应单位	规格	计量单位	发票数量	实收数量	实际成本				计划成本		材料成本差异	
月	日								发票金额	运杂费	其他	合计	单价	金额	超支	节约

材料科目：……………… 类别：………………

编号、名称：………………

年		记账凭证	发票账单	供应单位	规格	计量单位	发票数量	实收数量	实际成本				计划成本		材料成本差异	
月	日								发票金额	运杂费	其他	合计	单价	金额	超支	节约

材料科目：　　　　类别：

编号、名称：

年		记账凭证	发票账单	供应单位	规格	计量单位	发票数量	实收数量	实际成本				计划成本		材料成本差异	
月	日								发票金额	运杂费	其他	合计	单价	金额	超支	节约

材料科目：…………　类别：…………

编号、名称：…………

年		记账凭证	发票账单	供应单位	规格	计量单位	发票数量	实收数量	实际成本				计划成本		材料成本差异	
月	日								发票金额	运杂费	其他	合计	单价	金额	超支	节约

材料科目：　　　　　　　类别：

编号、名称：

年		记账凭证	发票账单	供应单位	规格	计量单位	发票数量	实收数量	实际成本				计划成本		材料成本差异	
月	日								发票金额	运杂费	其他	合计	单价	金额	超支	节约

材料科目：…………　类别：…………

编号、名称：…………

年		记账凭证	发票账单	供应单位	规格	计量单位	发票数量	实收数量	实际成本				计划成本		材料成本差异	
月	日								发票金额	运杂费	其他	合计	单价	金额	超支	节约

材料科目：________ 类别：________

编号、名称：________

年		记账凭证	发票账单	供应单位	规格	计量单位	发票数量	实收数量	实际成本				计划成本		材料成本差异	
月	日								发票金额	运杂费	其他	合计	单价	金额	超支	节约

材料科目：……………… 类别：………………

编号、名称：………………

年		记账凭证	发票账单	供应单位	规格	计量单位	发票数量	实收数量	实际成本				计划成本		材料成本差异	
月	日								发票金额	运杂费	其他	合计	单价	金额	超支	节约

材料科目：　　　　类别：

编号、名称：

年		记账凭证	发票账单	供应单位	规格	计量单位	发票数量	实收数量	实际成本				计划成本		材料成本差异	
月	日								发票金额	运杂费	其他	合计	单价	金额	超支	节约

材料科目：　　　　类别：

编号、名称：

年		记账凭证	发票账单	供应单位	规格	计量单位	发票数量	实收数量	实际成本				计划成本		材料成本差异	
月	日								发票金额	运杂费	其他	合计	单价	金额	超支	节约

材料科目：　　　　　　　　类别：

编号、名称：

年		记账凭证	发票账单	供应单位	规格	计量单位	发票数量	实收数量	实际成本				计划成本		材料成本差异	
月	日								发票金额	运杂费	其他	合计	单价	金额	超支	节约

材料科目：…………………… 类别：……………………

编号、名称：……………………………………

年		记账凭证	发票账单	供应单位	规格	计量单位	发票数量	实收数量	实际成本				计划成本		材料成本差异	
月	日								发票金额	运杂费	其他	合计	单价	金额	超支	节约

材料科目：…………　类别：…………

编号、名称：…………

年		记账凭证	发票账单	供应单位	规格	计量单位	发票数量	实收数量	实际成本				计划成本		材料成本差异	
月	日								发票金额	运杂费	其他	合计	单价	金额	超支	节约

材料科目：…………　类别：…………

编号、名称：…………

年		记账凭证	发票账单	供应单位	规格	计量单位	发票数量	实收数量	实际成本				计划成本		材料成本差异	
月	日								发票金额	运杂费	其他	合计	单价	金额	超支	节约

材料科目：　　　　类别：

编号、名称：

年		记账凭证	发票账单	供应单位	规格	计量单位	发票数量	实收数量	实际成本				计划成本		材料成本差异	
月	日								发票金额	运杂费	其他	合计	单价	金额	超支	节约

材料科目：………… 类别：…………

编号、名称：…………

年		记账凭证	发票账单	供应单位	规格	计量单位	发票数量	实收数量	实际成本				计划成本		材料成本差异	
月	日								发票金额	运杂费	其他	合计	单价	金额	超支	节约

材料科目：　　　　类别：

编号、名称：

年		记账凭证	发票账单	供应单位	规格	计量单位	发票数量	实收数量	实际成本				计划成本		材料成本差异	
月	日								发票金额	运杂费	其他	合计	单价	金额	超支	节约

材料科目：………………………… 类别：…………………

编号、名称：……………………………………

年		记账凭证	发票账单	供应单位	规格	计量单位	发票数量	实收数量	实际成本				计划成本		材料成本差异	
月	日								发票金额	运杂费	其他	合计	单价	金额	超支	节约

明细科目：
类　别：　　　品名：　　　计量单位：

年		凭证		摘要	借方												贷方												借或贷	余额											
月	日	种类	号数		单价	数量	金额										单价	数量	金额											单价	数量	金额									
							千	百	十	万	千	百	十	元	角	分			千	百	十	万	千	百	十	元	角	分				千	百	十	万	千	百	十	元	角	分

材料科目：…………　类别：…………

编号、名称：…………

年		记账凭证	发票账单	供应单位	规格	计量单位	发票数量	实收数量	实际成本				计划成本		材料成本差异	
月	日								发票金额	运杂费	其他	合计	单价	金额	超支	节约

明细科目：

类　　别：　　　　品名：　　　　计量单位：

年		凭证		摘要	借方												贷方												借或贷	余额											
月	日	种类	号数		单价	数量	金额										单价	数量	金额											单价	数量	金额									
							千	百	十	万	千	百	十	元	角	分			千	百	十	万	千	百	十	元	角	分				千	百	十	万	千	百	十	元	角	分

材料科目：………………　类别：………………

编号、名称：………………

年		记账凭证	发票账单	供应单位	规格	计量单位	发票数量	实收数量	实际成本				计划成本		材料成本差异	
月	日								发票金额	运杂费	其他	合计	单价	金额	超支	节约

明细科目：

类　　别：　　　　品名：　　　　计量单位：

年		凭证		摘要	借方												贷方												借或贷	余额											
					单价	数量	金额										单价	数量	金额											单价	数量	金额									
月	日	种类	号数				千	百	十	万	千	百	十	元	角	分			千	百	十	万	千	百	十	元	角	分				千	百	十	万	千	百	十	元	角	分

材料科目：………………………… 类别：…………………

编号、名称：……………………………………………

年		记账凭证	发票账单	供应单位	规格	计量单位	发票数量	实收数量	实际成本				计划成本		材料成本差异	
月	日								发票金额	运杂费	其他	合计	单价	金额	超支	节约

明细科目：

类　别：　　品名：　　计量单位：

年		凭证		摘要	借方												贷方												借或贷	余额											
月	日	种类	号数		单价	数量	金额										单价	数量	金额											单价	数量	金额									
							千	百	十	万	千	百	十	元	角	分			千	百	十	万	千	百	十	元	角	分				千	百	十	万	千	百	十	元	角	分

明细科目：

类　　别：　　　　品名：　　　　计量单位：

年		凭证		摘要	借方												贷方												借或贷	余额											
月	日	种类	号数		单价	数量	金额										单价	数量	金额											单价	数量	金额									
							千	百	十	万	千	百	十	元	角	分			千	百	十	万	千	百	十	元	角	分				千	百	十	万	千	百	十	元	角	分

明细科目：

类　　别：　　　　品名：　　　　计量单位：

年		凭证		摘要	借方												贷方												借或贷	余额											
月	日	种类	号数		单价	数量	金额										单价	数量	金额											单价	数量	金额									
							千	百	十	万	千	百	十	元	角	分			千	百	十	万	千	百	十	元	角	分				千	百	十	万	千	百	十	元	角	分

明细科目：

类　　别：　　品名：　　计量单位：

年		凭证		摘要	借方												贷方												借或贷	余额											
月	日	种类	号数		单价	数量	金额										单价	数量	金额											单价	数量	金额									
							千	百	十	万	千	百	十	元	角	分			千	百	十	万	千	百	十	元	角	分				千	百	十	万	千	百	十	元	角	分

明细科目：

类　别：　　　　品名：　　　　计量单位：

年		凭证		摘要	借方												贷方												借或贷	余额											
月	日	种类	号数		单价	数量	金额										单价	数量	金额											单价	数量	金额									
							千	百	十	万	千	百	十	元	角	分			千	百	十	万	千	百	十	元	角	分				千	百	十	万	千	百	十	元	角	分

明细科目：

类　别：　　　　品名：　　　　计量单位：

年		凭证		摘要	借方												贷方												借或贷	余额											
月	日	种类	号数		单价	数量	金额										单价	数量	金额											单价	数量	金额									
							千	百	十	万	千	百	十	元	角	分			千	百	十	万	千	百	十	元	角	分				千	百	十	万	千	百	十	元	角	分

明细科目：

类　　别：　　　　　　　　　　　　　　品名：　　　　　　　　　　　　　　计量单位：

年		凭证		摘要	借方												贷方												借或贷	余额											
月	日	种类	号数		单价	数量	金额										单价	数量	金额											单价	数量	金额									
							千	百	十	万	千	百	十	元	角	分			千	百	十	万	千	百	十	元	角	分				千	百	十	万	千	百	十	元	角	分

明细科目：

类　　别：　　　　　　品名：　　　　　　计量单位：

年		凭证		摘要	借方												贷方												借或贷	余额											
月	日	种类	号数		单价	数量	金额										单价	数量	金额											单价	数量	金额									
							千	百	十	万	千	百	十	元	角	分			千	百	十	万	千	百	十	元	角	分				千	百	十	万	千	百	十	元	角	分

明细科目：

类　别：　　　　品名：　　　　计量单位：

年		凭证		摘要	借方												贷方												借或贷	余额											
月	日	种类	号数		单价	数量	金额										单价	数量	金额											单价	数量	金额									
							千	百	十	万	千	百	十	元	角	分			千	百	十	万	千	百	十	元	角	分				千	百	十	万	千	百	十	元	角	分

明细科目：

类　　别：　　　　　　　　品名：　　　　　　　　计量单位：

年		凭证		摘要	借方												贷方												借或贷	余额											
月	日	种类	号数		单价	数量	金额										单价	数量	金额											单价	数量	金额									
							千	百	十	万	千	百	十	元	角	分			千	百	十	万	千	百	十	元	角	分				千	百	十	万	千	百	十	元	角	分

明细科目：

类　　别：　　　　品名：　　　　计量单位：

年		凭证		摘要	借方												贷方												借或贷	余额											
月	日	种类	号数		单价	数量	金额										单价	数量	金额											单价	数量	金额									
							千	百	十	万	千	百	十	元	角	分			千	百	十	万	千	百	十	元	角	分				千	百	十	万	千	百	十	元	角	分

明细科目：……………………

类　　别：……………………　　品名：……………………　　计量单位：……………………

年		凭证		摘要	借方												贷方												借或贷	余额											
月	日	种类	号数		单价	数量	金额										单价	数量	金额											单价	数量	金额									
							千	百	十	万	千	百	十	元	角	分			千	百	十	万	千	百	十	元	角	分				千	百	十	万	千	百	十	元	角	分

明细科目：

类　　别：　　　　品名：　　　　计量单位：

年		凭证		摘要	借方												贷方												借或贷	余额											
月	日	种类	号数		单价	数量	金额										单价	数量	金额											单价	数量	金额									
							千	百	十	万	千	百	十	元	角	分			千	百	十	万	千	百	十	元	角	分				千	百	十	万	千	百	十	元	角	分

明细科目：……………………

类　　别：…………………… 品名：…………………… 计量单位：……………………

年		凭证		摘要	借方												贷方												借或贷	余额											
月	日	种类	号数		单价	数量	金额										单价	数量	金额											单价	数量	金额									
							千	百	十	万	千	百	十	元	角	分			千	百	十	万	千	百	十	元	角	分				千	百	十	万	千	百	十	元	角	分

明细科目：

类　　别：　　　　品名：　　　　计量单位：

年		凭证		摘要	借方												贷方												借或贷	余额											
月	日	种类	号数		单价	数量	金额										单价	数量	金额											单价	数量	金额									
							千	百	十	万	千	百	十	元	角	分			千	百	十	万	千	百	十	元	角	分				千	百	十	万	千	百	十	元	角	分

明细科目：

类　　别：　　　　　　品名：　　　　　　计量单位：

年		凭证		摘要	借方												贷方												借或贷	余额											
月	日	种类	号数		单价	数量	金额										单价	数量	金额											单价	数量	金额									
							千	百	十	万	千	百	十	元	角	分			千	百	十	万	千	百	十	元	角	分				千	百	十	万	千	百	十	元	角	分

明细科目：

类　　别：　　品名：　　计量单位：

年		凭证		摘要	借方												贷方												借或贷	余额											
月	日	种类	号数		单价	数量	金额										单价	数量	金额											单价	数量	金额									
							千	百	十	万	千	百	十	元	角	分			千	百	十	万	千	百	十	元	角	分				千	百	十	万	千	百	十	元	角	分

明细科目：

类　　别：　　　　品名：　　　　计量单位：

年		凭证		摘要	借方												贷方												借或贷	余额											
月	日	种类	号数		单价	数量	金额										单价	数量	金额											单价	数量	金额									
							千	百	十	万	千	百	十	元	角	分			千	百	十	万	千	百	十	元	角	分				千	百	十	万	千	百	十	元	角	分

多栏式明细账目录

编号	科目	起讫页码	编号	科目	起讫页码

多栏式明细账目录

编号	科　　目	起讫页码	编号	科　　目	起讫页码

……级科目……

……级科目……

年		凭证		摘要																																																																								
月	日	种类	号数		百	十	万	千	百	十	元	角	分	百	十	万	千	百	十	元	角	分	百	十	万	千	百	十	元	角	分	百	十	万	千	百	十	元	角	分	百	十	万	千	百	十	元	角	分	百	十	万	千	百	十	元	角	分	百	十	万	千	百	十	元	角	分	百	十	万	千	百	十	元	角	分

……级科目……

……级科目……

年		凭证		摘要																																																																							
月	日	种类	号数		百	十	万	千	百	十	元	角	分	百	十	万	千	百	十	元	角	分	百	十	万	千	百	十	元	角	分	百	十	万	千	百	十	元	角	分	百	十	万	千	百	十	元	角	分	百	十	万	千	百	十	元	角	分	百	十	万	千	百	十	元	角	分	百	十	万	千	百	十	元	角	分

……级科目……

……级科目……

年		凭证		摘要																																																																									
月	日	种类	号数		百	十	万	千	百	十	元	角	分	百	十	万	千	百	十	元	角	分	百	十	万	千	百	十	元	角	分	百	十	万	千	百	十	元	角	分	百	十	万	千	百	十	元	角	分	百	十	万	千	百	十	元	角	分	百	十	万	千	百	十	元	角	分	百	十	万	千	百	十	元	角	分

……级科目……

……级科目……

年		凭证		摘　要																																																																						
月	日	种类	号数		百	十	万	千	百	十	元	角	分	百	十	万	千	百	十	元	角	分	百	十	万	千	百	十	元	角	分	百	十	万	千	百	十	元	角	分	百	十	万	千	百	十	元	角	分	百	十	万	千	百	十	元	角	分	百	十	万	千	百	十	元	角	分	百	十	万	千	百	十	元	角	分

……级科目……

……级科目……

年		凭证		摘要								
月	日	种类	号数		百十万千百十元角分	百十万千百十元角分	百十万千百十元角分	百十万千百十元角分	百十万千百十元角分	百十万千百十元角分	百十万千百十元角分	百十万千百十元角分

……级科目……

……级科目……

年		凭证		摘要																																																																							
月	日	种类	号数		百	十	万	千	百	十	元	角	分	百	十	万	千	百	十	元	角	分	百	十	万	千	百	十	元	角	分	百	十	万	千	百	十	元	角	分	百	十	万	千	百	十	元	角	分	百	十	万	千	百	十	元	角	分	百	十	万	千	百	十	元	角	分	百	十	万	千	百	十	元	角	分

……级科目……

……级科目……

年		凭证		摘要								
月	日	种类	号数		百十万千百十元角分	百十万千百十元角分	百十万千百十元角分	百十万千百十元角分	百十万千百十元角分	百十万千百十元角分	百十万千百十元角分	百十万千百十元角分

……级科目……

……级科目……

年		凭证		摘要																																																																										
月	日	种类	号数		百	十	万	千	百	十	元	角	分	百	十	万	千	百	十	元	角	分	百	十	万	千	百	十	元	角	分	百	十	万	千	百	十	元	角	分	百	十	万	千	百	十	元	角	分	百	十	万	千	百	十	元	角	分	百	十	万	千	百	十	元	角	分	百	十	万	千	百	十	元	角	分

……级科目……

……级科目……

年		凭证		摘要																																																																							
月	日	种类	号数		百	十	万	千	百	十	元	角	分	百	十	万	千	百	十	元	角	分	百	十	万	千	百	十	元	角	分	百	十	万	千	百	十	元	角	分	百	十	万	千	百	十	元	角	分	百	十	万	千	百	十	元	角	分	百	十	万	千	百	十	元	角	分	百	十	万	千	百	十	元	角	分

……级科目……

……级科目……

年		凭证		摘要																																																																						
月	日	种类	号数		百	十	万	千	百	十	元	角	分	百	十	万	千	百	十	元	角	分	百	十	万	千	百	十	元	角	分	百	十	万	千	百	十	元	角	分	百	十	万	千	百	十	元	角	分	百	十	万	千	百	十	元	角	分	百	十	万	千	百	十	元	角	分	百	十	万	千	百	十	元	角	分

…………级科目…………………………

…………级科目…………………………

年		凭证		摘要																																																																								
月	日	种类	号数		百	十	万	千	百	十	元	角	分	百	十	万	千	百	十	元	角	分	百	十	万	千	百	十	元	角	分	百	十	万	千	百	十	元	角	分	百	十	万	千	百	十	元	角	分	百	十	万	千	百	十	元	角	分	百	十	万	千	百	十	元	角	分	百	十	万	千	百	十	元	角	分

…………级科目……………………………………

…………级科目……………………………………

年		凭证		摘要																																																																								
月	日	种类	号数		百	十	万	千	百	十	元	角	分	百	十	万	千	百	十	元	角	分	百	十	万	千	百	十	元	角	分	百	十	万	千	百	十	元	角	分	百	十	万	千	百	十	元	角	分	百	十	万	千	百	十	元	角	分	百	十	万	千	百	十	元	角	分	百	十	万	千	百	十	元	角	分

级科目

级科目

年		凭证		摘要																																																																							
月	日	种类	号数		百	十	万	千	百	十	元	角	分	百	十	万	千	百	十	元	角	分	百	十	万	千	百	十	元	角	分	百	十	万	千	百	十	元	角	分	百	十	万	千	百	十	元	角	分	百	十	万	千	百	十	元	角	分	百	十	万	千	百	十	元	角	分	百	十	万	千	百	十	元	角	分

……级科目……

……级科目……

年		凭证		摘要																																																																							
月	日	种类	号数		百	十	万	千	百	十	元	角	分	百	十	万	千	百	十	元	角	分	百	十	万	千	百	十	元	角	分	百	十	万	千	百	十	元	角	分	百	十	万	千	百	十	元	角	分	百	十	万	千	百	十	元	角	分	百	十	万	千	百	十	元	角	分	百	十	万	千	百	十	元	角	分

……级科目……

……级科目……

年		凭证		摘要																																																																								
月	日	种类	号数		百	十	万	千	百	十	元	角	分	百	十	万	千	百	十	元	角	分	百	十	万	千	百	十	元	角	分	百	十	万	千	百	十	元	角	分	百	十	万	千	百	十	元	角	分	百	十	万	千	百	十	元	角	分	百	十	万	千	百	十	元	角	分	百	十	万	千	百	十	元	角	分

……级科目……

……级科目……

年		凭证		摘要																																																																							
月	日	种类	号数		百	十	万	千	百	十	元	角	分	百	十	万	千	百	十	元	角	分	百	十	万	千	百	十	元	角	分	百	十	万	千	百	十	元	角	分	百	十	万	千	百	十	元	角	分	百	十	万	千	百	十	元	角	分	百	十	万	千	百	十	元	角	分	百	十	万	千	百	十	元	角	分

……级科目……

……级科目……

年		凭证		摘要																																																																						
月	日	种类	号数		百	十	万	千	百	十	元	角	分	百	十	万	千	百	十	元	角	分	百	十	万	千	百	十	元	角	分	百	十	万	千	百	十	元	角	分	百	十	万	千	百	十	元	角	分	百	十	万	千	百	十	元	角	分	百	十	万	千	百	十	元	角	分	百	十	万	千	百	十	元	角	分

……级科目……

……级科目……

年		凭证		摘要								
月	日	种类	号数		百 十 万 千 百 十 元 角 分	百 十 万 千 百 十 元 角 分	百 十 万 千 百 十 元 角 分	百 十 万 千 百 十 元 角 分	百 十 万 千 百 十 元 角 分	百 十 万 千 百 十 元 角 分	百 十 万 千 百 十 元 角 分	百 十 万 千 百 十 元 角 分

…………级科目……………………………………

…………级科目……………………………………

年		凭证		摘要																																																																								
月	日	种类	号数		百	十	万	千	百	十	元	角	分	百	十	万	千	百	十	元	角	分	百	十	万	千	百	十	元	角	分	百	十	万	千	百	十	元	角	分	百	十	万	千	百	十	元	角	分	百	十	万	千	百	十	元	角	分	百	十	万	千	百	十	元	角	分	百	十	万	千	百	十	元	角	分

……级科目……

……级科目……

年		凭证		摘要								
月	日	种类	号数		百十万千百十元角分	百十万千百十元角分	百十万千百十元角分	百十万千百十元角分	百十万千百十元角分	百十万千百十元角分	百十万千百十元角分	百十万千百十元角分

级科目

级科目

年		凭证		摘要																																																																						
月	日	种类	号数		百	十	万	千	百	十	元	角	分	百	十	万	千	百	十	元	角	分	百	十	万	千	百	十	元	角	分	百	十	万	千	百	十	元	角	分	百	十	万	千	百	十	元	角	分	百	十	万	千	百	十	元	角	分	百	十	万	千	百	十	元	角	分	百	十	万	千	百	十	元	角	分

……级科目……

……级科目……

年		凭证		摘要								
月	日	种类	号数		百十万千百十元角分	百十万千百十元角分	百十万千百十元角分	百十万千百十元角分	百十万千百十元角分	百十万千百十元角分	百十万千百十元角分	百十万千百十元角分

……级科目……

……级科目……

年		凭证		摘要								
月	日	种类	号数		百十万千百十元角分	百十万千百十元角分	百十万千百十元角分	百十万千百十元角分	百十万千百十元角分	百十万千百十元角分	百十万千百十元角分	百十万千百十元角分

级科目

级科目

年		凭证		摘要								
月	日	种类	号数		百十万千百十元角分	百十万千百十元角分	百十万千百十元角分	百十万千百十元角分	百十万千百十元角分	百十万千百十元角分	百十万千百十元角分	百十万千百十元角分

年		凭证号数	摘要	1									2									3									4									5									6									7								
月	日			百	十	万	千	百	十	元	角	分	百	十	万	千	百	十	元	角	分	百	十	万	千	百	十	元	角	分	百	十	万	千	百	十	元	角	分	百	十	万	千	百	十	元	角	分	百	十	万	千	百	十	元	角	分	百	十	万	千	百	十	元	角	分

……级科目编号及名称……

……级科目编号及名称……

8	9	10	11	12	13	14	15	16
百十万千百十元角分	百十万千百十元角分	百十万千百十元角分	百十万千百十元角分	百十万千百十元角分	百十万千百十元角分	百十万千百十元角分	百十万千百十元角分	百十万千百十元角分

年		凭证号数	摘要	1									2									3									4									5									6									7								
月	日			百	十	万	千	百	十	元	角	分	百	十	万	千	百	十	元	角	分	百	十	万	千	百	十	元	角	分	百	十	万	千	百	十	元	角	分	百	十	万	千	百	十	元	角	分	百	十	万	千	百	十	元	角	分	百	十	万	千	百	十	元	角	分

……级科目编号及名称……

……级科目编号及名称……

8									9									10									11									12									13									14									15									16								
百	十	万	千	百	十	元	角	分	百	十	万	千	百	十	元	角	分	百	十	万	千	百	十	元	角	分	百	十	万	千	百	十	元	角	分	百	十	万	千	百	十	元	角	分	百	十	万	千	百	十	元	角	分	百	十	万	千	百	十	元	角	分	百	十	万	千	百	十	元	角	分	百	十	万	千	百	十	元	角	分

年		凭证号数	摘要	1	2	3	4	5	6	7
月	日			百十万千百十元角分	百十万千百十元角分	百十万千百十元角分	百十万千百十元角分	百十万千百十元角分	百十万千百十元角分	百十万千百十元角分

……级科目编号及名称……

……级科目编号及名称……

8	9	10	11	12	13	14	15	16
百十万千百十元角分	百十万千百十元角分	百十万千百十元角分	百十万千百十元角分	百十万千百十元角分	百十万千百十元角分	百十万千百十元角分	百十万千百十元角分	百十万千百十元角分

年		凭证号数	摘要	1									2									3									4									5									6									7								
月	日			百	十	万	千	百	十	元	角	分	百	十	万	千	百	十	元	角	分	百	十	万	千	百	十	元	角	分	百	十	万	千	百	十	元	角	分	百	十	万	千	百	十	元	角	分	百	十	万	千	百	十	元	角	分	百	十	万	千	百	十	元	角	分

…………级科目编号及名称…………

…………级科目编号及名称…………

8									9									10									11									12									13									14									15									16								
百	十	万	千	百	十	元	角	分	百	十	万	千	百	十	元	角	分	百	十	万	千	百	十	元	角	分	百	十	万	千	百	十	元	角	分	百	十	万	千	百	十	元	角	分	百	十	万	千	百	十	元	角	分	百	十	万	千	百	十	元	角	分	百	十	万	千	百	十	元	角	分	百	十	万	千	百	十	元	角	分

年		凭证号数	摘　　要	1	2	3	4	5	6	7
月	日			百十万千百十元角分	百十万千百十元角分	百十万千百十元角分	百十万千百十元角分	百十万千百十元角分	百十万千百十元角分	百十万千百十元角分

…………级科目编号及名称…………

…………级科目编号及名称…………

8									9									10									11									12									13									14									15									16								
百	十	万	千	百	十	元	角	分	百	十	万	千	百	十	元	角	分	百	十	万	千	百	十	元	角	分	百	十	万	千	百	十	元	角	分	百	十	万	千	百	十	元	角	分	百	十	万	千	百	十	元	角	分	百	十	万	千	百	十	元	角	分	百	十	万	千	百	十	元	角	分	百	十	万	千	百	十	元	角	分

年		凭证号数	摘要	1									2									3									4									5									6									7								
月	日			百	十	万	千	百	十	元	角	分	百	十	万	千	百	十	元	角	分	百	十	万	千	百	十	元	角	分	百	十	万	千	百	十	元	角	分	百	十	万	千	百	十	元	角	分	百	十	万	千	百	十	元	角	分	百	十	万	千	百	十	元	角	分

……级科目编号及名称……

……级科目编号及名称……

8	9	10	11	12	13	14	15	16
百十万千百十元角分	百十万千百十元角分	百十万千百十元角分	百十万千百十元角分	百十万千百十元角分	百十万千百十元角分	百十万千百十元角分	百十万千百十元角分	百十万千百十元角分

年		凭证号数	摘要	1									2									3									4									5									6									7								
月	日			百	十	万	千	百	十	元	角	分	百	十	万	千	百	十	元	角	分	百	十	万	千	百	十	元	角	分	百	十	万	千	百	十	元	角	分	百	十	万	千	百	十	元	角	分	百	十	万	千	百	十	元	角	分	百	十	万	千	百	十	元	角	分

……级科目编号及名称……

……级科目编号及名称……

8									9									10									11									12									13									14									15									16								
百	十	万	千	百	十	元	角	分	百	十	万	千	百	十	元	角	分	百	十	万	千	百	十	元	角	分	百	十	万	千	百	十	元	角	分	百	十	万	千	百	十	元	角	分	百	十	万	千	百	十	元	角	分	百	十	万	千	百	十	元	角	分	百	十	万	千	百	十	元	角	分	百	十	万	千	百	十	元	角	分

年		凭证号数	摘要	1									2									3									4									5									6									7								
月	日			百	十	万	千	百	十	元	角	分	百	十	万	千	百	十	元	角	分	百	十	万	千	百	十	元	角	分	百	十	万	千	百	十	元	角	分	百	十	万	千	百	十	元	角	分	百	十	万	千	百	十	元	角	分	百	十	万	千	百	十	元	角	分

…………级科目编号及名称……………………………………

…………级科目编号及名称……………………………………

8									9									10									11									12									13									14									15									16								
百	十	万	千	百	十	元	角	分	百	十	万	千	百	十	元	角	分	百	十	万	千	百	十	元	角	分	百	十	万	千	百	十	元	角	分	百	十	万	千	百	十	元	角	分	百	十	万	千	百	十	元	角	分	百	十	万	千	百	十	元	角	分	百	十	万	千	百	十	元	角	分	百	十	万	千	百	十	元	角	分

年		凭证号数	摘要	1	2	3	4	5	6	7
月	日			百十万千百十元角分	百十万千百十元角分	百十万千百十元角分	百十万千百十元角分	百十万千百十元角分	百十万千百十元角分	百十万千百十元角分

…………级科目编号及名称……………………………………

…………级科目编号及名称……………………………………

8	9	10	11	12	13	14	15	16
百十万千百十元角分	百十万千百十元角分	百十万千百十元角分	百十万千百十元角分	百十万千百十元角分	百十万千百十元角分	百十万千百十元角分	百十万千百十元角分	百十万千百十元角分

外 币： Foreign Currency

明 细 分 类 账（外 币）
SUBSIDIARY LEDGER (FOREIGN CURRENCY)

科目编号 A/c No.________ 页次____ 总页____
总 账 科 目 Gen.Leg.A/c____________________
明 细 科 目 Sub.Leg.A/c____________________

年 Date		凭证号数 Voucher Number	摘 要 Explanation	外 币 Foreign Currency							兑换率 Exch. Rate	人 民 币 Renminbi						
月	日			借 方 Debit	√	贷 方 Credit	√	借或贷 Dr. or Cr.	余 额 Balance	√		借 方 Debit	√	贷 方 Credit	√	借或贷 Dr. or Cr.	余 额 Balance	√
				百十万千百十元角分		百十万千百十元角分			百十万千百十元角分			百十万千百十元角分		百十万千百十元角分			百十万千百十元角分	

外　币：
Foreign
Currency

明细分类账（外币）
SUBSIDIARY LEDGER (FOREIGN CURRENCY)

科目编号 A/c No.__________ 页次____ 总页____
总账科目
Gen.Leg.A/c__________
明细科目
Sub.Leg.A/c__________

年 Date		凭证号数 Voucher Number	摘要 Explanation	外币 Foreign Currency							兑换率 Exch. Rate	人民币 Renminbi						
月	日			借方 Debit	√	贷方 Credit	√	借或贷 Dr.or Cr.	余额 Balance	√		借方 Debit	√	贷方 Credit	√	借或贷 Dr.or Cr.	余额 Balance	√
				十亿千百十万千百十元角分		十亿千百十万千百十元角分			十亿千百十万千百十元角分			十亿千百十万千百十元角分		十亿千百十万千百十元角分			十亿千百十万千百十元角分	

234

外　币：
Foreign
Currency

明细分类账（外币）
SUBSIDIARY LEDGER (FOREIGN CURRENCY)

科目编号 A/c No.________ 页次____ 总页____
总账科目
Gen.Leg.A/c________________________
明细科目
Sub.Leg.A/c________________________

年 Date		凭证号数 Voucher Number	摘要 Explanation	外币 Foreign Currency							兑换率 Exch. Rate	人民币 Renminbi						
月	日			借方 Debit	√	贷方 Credit	√	借或贷 Dr. or Cr.	余额 Balance	√		借方 Debit	√	贷方 Credit	√	借或贷 Dr. or Cr.	余额 Balance	√
				百十万千百十元角分		百十万千百十元角分			百十万千百十元角分			百十万千百十元角分		百十万千百十元角分			百十万千百十元角分	

明 细 分 类 账（外 币）
SUBSIDIARY LEDGER (FOREIGN CURRENCY)

外 币：
Foreign
Currency

科目编号 A/c No.________ 页次____ 总页____
总账科目
Gen.Leg.A/c________
明细科目
Sub.Leg.A/c________

年 Date		凭证号数 Voucher Number	摘要 Explanation	外币 Foreign Currency							兑换率 Exch. Rate	人民币 Renminbi						
月	日			借方 Debit	√	贷方 Credit	√	借或贷 Dr.or Cr.	余额 Balance	√		借方 Debit	√	贷方 Credit	√	借或贷 Dr.or Cr.	余额 Balance	√
				十亿千百十万千百十元角分		十亿千百十万千百十元角分			十亿千百十万千百十元角分			十亿千百十万千百十元角分		十亿千百十万千百十元角分			十亿千百十万千百十元角分	

应交增值税

年		凭证		摘要	借			
					进项税额	已交税费	转出未交增值税	减免税款
月	日	种类	号数		亿千百十万千百十元角分	亿千百十万千百十元角分	亿千百十万千百十元角分	亿千百十万千百十元角分

明 细 账

二级明细科目 应 交 增 值 税

方		贷		方		借/贷	余 额
	合 计	销 项 税 额	出 口 退 税	进项税额转出	合 计		
亿千百十万千百十元角分	亿千百十万千百十元角分	亿千百十万千百十元角分	亿千百十万千百十元角分	亿千百十万千百十元角分	亿千百十万千百十元角分		亿千百十万千百十元角分

应交增值税

年		凭证		摘要	借			
					进项税额	已交税费	转出未交增值税	减免税款
月	日	种类	号数		亿千百十万千百十元角分	亿千百十万千百十元角分	亿千百十万千百十元角分	亿千百十万千百十元角分

明 细 账

二级明细科目 应 交 增 值 税

方		贷			方	借/贷	余 额
	合 计	销 项 税 额	出 口 退 税	进项税额转出	合 计		
亿千百十万千百十元角分	亿千百十万千百十元角分	亿千百十万千百十元角分	亿千百十万千百十元角分	亿千百十万千百十元角分	亿千百十万千百十元角分		亿千百十万千百十元角分

资 产 负 债 表

会企 01 表

单位：元

编制单位：＿＿＿＿＿＿＿＿ ＿＿＿＿年＿＿＿月

资　　产	期末余额	年初余额	负债和所有者权益（或股东权益）	期末余额	年初余额
流动资产：			流动负债：		
货币资金			短期借款		
交易性金融资产			交易性金融负债		
应收票据			应付票据		
应收账款			应付账款		
预付款项			预收款项		
应收利息			应付职工薪酬		
应收股息			应交税费		
其他应收款			应付利息		
存货			应付股利		
一年内到期的非流动资产			其他应付款		
其他流动资产			一年内到期的非流动负债		
流动资产合计			其他流动负债		
非流动资产：			流动负债合计		
可供出售金融资产			非流动负债：		
持有至到期投资			长期借款		
长期应收款			应付债券		
长期股权投资			长期应付款		
投资性房地产			专项应付款		
固定资产			预计负债		
在建工程			递延所得税负债		
工程物资			其他非流动负债		
固定资产清理			非流动负债合计		
生产性生物资产			负债合计		
油气资产			所有者权益(或股东权益)：		
无形资产			实收资本(或股本)		
开发支出			资本公积		
商誉			减：库存股		
长摊待摊费用			盈余公积		
递延所得税资产			未分配利润		
其他非流动资产			所有者权益(或股东权益)合计		
非流动资产合计					
资产总计			负债和所有者(或股东权益)合计		

企业负责人：　　财会负责人：　　复核：　　制表：

利　　润　　表

会企 02 表

编制单位：＿＿＿＿＿＿　　＿＿＿＿年＿＿＿月　　单位：元

项 目	本月金额	本年累计金额	上年累计金额
一、营业收入			
减：营业成本			
营业税金及附加			
销售费用			
管理费用			
财务费用			
资产减值损失			
加：公允价值变动收益（损失以“－”号填列）			
投资收益（损失以“－”号填列）			
其中：对联营企业和合营企业的投资收益			
二、营业利润（亏损以“－”号填列）			
加：营业外收入			
减：营业外支出			
其中：非流动资产处置损失			
三、利润总额（亏损总额以“－”号填列）			
减：所得税费用			
四、净利润（净亏损以“－”号填列）			
五、每股收益：			
（一）基本每股收益			
（二）稀释每股收益			
六、其他综合收益			
七、综合收益总额			

现金流量表

会企 03 表

编制单位：________________ __________年度 单位：元

项　　　目	本月金额	上期金额
一、经营活动产生的现金流量：		
销售商品、提供劳务收到的现金		
收到的税费返还		
收到其他与经营活动有关的现金		
经营活动现金流入小计		
购买商品、接受劳务支付的现金		
支付给职工以及为职工支付的现金		
支付的各项税费		
支付其他与经营活动有关的现金		
经营活动现金流出小计		
经营活动产生的现金流量净额		
二、投资活动产生的现金流量：		
收回投资收到的现金		
取得投资收益收到的现金		
处置固定资产、无形资产和其他长期资产收回的现金净额		
处置子公司及其他营业单位收到的现金净额		
收到其他与投资活动有关的现金		
投资活动现金流入小计		
购建固定资产、无形资产和其他长期资产支付的现金		
投资支付的现金		
取得子公司及其他营业单位支付的现金净额		
支付其他与投资活动有关的现金		
投资活动现金流出小计		
投资活动产生的现金流量净额		
三、筹资活动产生的现金流量：		
吸收投资收到的现金		
取得借款收到的现金		
收到其他与筹资活动有关的现金		
筹资活动现金流入小计		
偿还债务支付的现金		
分配股利、利润或偿付利息支付的现金		
支付其他与筹资活动有关的现金		
筹资活动现金流出小计		
筹资活动产生的现金流量净额		
四、汇率变动对现金及现金等价物的影响		
五、现金及现金等价物净增加额		
加：期初现金及现金等价物余额		
六、期末现金及现金等价物余额		

现金流量表（补充资料）

会企 03 表

编制单位：________________ __________年度 单位：元

补 充 资 料	本月金额	上期金额
1. 将净利润调节为经营活动现金流量：		
净利润		
加：资产减值准备		
固定资产折旧、油气资产折耗、生产性生物资产折旧		
无形资产摊销		
长期待摊费用摊销		
处置固定资产、无形资产和其他长期资产的损失（收益以“－”号填列）		
固定资产报废损失（收益以“－”号填列）		
公允价值变动损失（收益以“－”号填列）		
财务费用（收益以“－”号填列）		
投资损失（收益以“－”号填列）		
递延所得税资产减少（增加以“－”号填列）		
递延所得税负债增加（减少以“－”号填列）		
存货的减少（增加以“－”号填列）		
经营性应收项目的减少（增加以“－”号填列）		
经营性应付项目的增加（减少以“－”号填列）		
其他		
经营活动产生的现金流量净额		
2. 不涉及现金收支的重大投资和筹资活动：		
债务转为资本		
一年内到期的可转换公司债券		
融资租入固定资产		
3. 现金及现金等价物净变动情况：		
现金的期末余额		
减：现金的期初余额		
加：现金等价物的期末余额		
减：现金等价物的期初余额		
现金及现金等价物净增加额		

所有者权益变动表

会企04表

编制单位：________________　　　　________年度　　　　单位：元

项目	本年金额						上年金额					
	实收资本（或股本）	资本公积	减：库存股	盈余公积	未分配利润	所有者权益合计	实收资本（或股本）	资本公积	减：库存股	盈余公积	未分配利润	所有者权益合计
一、上年年末余额												
加：会计政策变更												
前期差错更正												
二、本年年初余额												
三、本年增减变动金额（减少以"-"号填列）												
（一）净利润												
（二）直接计入所有者权益的利得和损失												
1. 可供出售金融资产公允价值变动净额												
2. 权益法下被投资单位其他所有者权益变动的影响												
3. 与计入所有者权益项目相关的所得税影响												
4. 其他												
上述（一）和（二）小计												
（三）所有者投入和减少资本												
1. 所有者投入资本												
2. 股份支付计入所有者权益的金额												
3. 其他												
（四）利润分配												
1. 提取盈余公积												
2. 对所有者（或股东）的分配												
3. 其他												
（五）所有者权益内部结转												
1. 资本公积转增资本（或股本）												
2. 盈余公积转增资本（或股本）												
3. 盈余公积弥补亏损												
4. 其他												
四、本年年末余额												

基本财务指标一览表

比率类型	比率名称	单位	本期实际	本年年初	比率增减
变现能力比率	速动比率				
	流动比率				
资产管理比率	存货周转率	次			
	存货周转天数	天			
	应收账款周转率	次			
	应收账款周转天数	天			
	营业周期	天			
	流动资产周转率	次			
	总资产周转率	次			
负债比率	资产负债率	%			
	产权比率	%			
盈利能力比率	销售净利率	%			
	销售毛利率	%			
	资产净利率	%			
	净值报酬率	%			
	资本金利润率	%			